Seelenkatze

**Für Daisy
in Liebe und Dankbarkeit**

*Manchmal sitzt sie dir zu Füßen und sieht
dich so sanft und zärtlich an, daß die Tiefe
ihres Blickes dich betroffen macht. Wer mag
glauben, daß hinter diesen leuchtenden
Augen keine Seele sei?*

Théophile Gautier

Susanne Hartwig

Seelenkatze

Über Tierliebe und Abschied

Bibliografische Information der Deutschen Nationalbibliothek:
Die Deutsche Nationalbibliothek verzeichnet diese Publikation in der Deutschen Nationalbibliografie; detaillierte bibliografische Daten sind im Internet über http://dnb.dnb.de abrufbar.

© 2013 Susanne Hartwig

Coverfoto: pxhere.com

Herstellung und Verlag: BoD – Books on Demand, Norderstedt

ISBN: 978-3-7322-7948-7

Inhaltsverzeichnis

Einleitung .... S. 7

Daisy's Geschichte S.11

Abschied S.27

Tierliebe S.66

Einleitung

Als meine geliebte Kartäuserkatze Daisy an einem sonnigen Septembermorgen starb, ging für mich ein Lebensabschnitt zu Ende, der mich für immer verändert hat. Ich habe durch dieses bezaubernde sanfte, humorvolle, geduldige Geschöpf unendlich viel über das Leben und zuletzt auch über das Sterben gelernt.

Das Thema Tod steht im Zusammenleben mit einem Tier immer im Raum. Wir mögen es eine ganze Weile verdrängen, doch früher oder später können wir dem Unvermeidlichen nicht länger ausweichen. Das sehe ich aber auch als großes Geschenk an, welches uns unsere Tiere machen. Wann denken wir sonst über den Tod nach, wenn wir nicht durch einen Schicksalsschlag dazu gezwungen werden? Es gibt bekanntlich nichts auf der Welt, was uns so sicher ist, wie das eigene Sterben und das unserer Lieben. Aus dem Verdrängen dieser Tatsache entstehen jedoch viele Verwirrungen des Menschen - von harmlosen Ersatzbefriedigungen bis hin zu schweren seelischen Störungen.
Ich habe mich schon immer für diesen Grenzbereich des Lebens sehr interessiert und den Tod nie als grausamen Endpunkt angesehen. Für mich ist er wie ein Übergang von unserer sichtbaren Wirklichkeit in eine andere Ebene, und das Sterben sehe ich als eine Geburt dorthin.

Daisy's letztes Lebensjahr war für mich eine intensive, beanspruchende Zeit, doch immer wieder durchzogen von Sonnenstrahlen, die diese Katze bis zum Schluss einfing und wieder aussandte.

Mein besonderer Dank gehört Sabine Arndt und Petra Kriegel, deren Buch über Sterbebegleitung für Tiere mir in der Zeit Daisy's fortschreitender Schwäche eine wertvolle Hilfe war bei der schweren Entscheidung zwischen Euthanasie und natürlichem Sterbeprozess. So konnte ich mich schon ein Jahr vorher auf das kommende Unbekannte einstellen und geriet nicht in Panik, als es soweit war. Dass trotzdem Zweifel bleiben, ob die Entscheidung, die wir einem uns ausgelieferten Tier zumuten, richtig war, gehört wahrscheinlich zum Leben dazu.

Die Idee zu diesem Buch entstand nach dem Tod meiner Katze. Es möchte einerseits ein Ratgeber für Menschen sein, die sich Gedanken über Sterben und Tod ihrer Haustiere machen, zu eigenen Entscheidungen ermutigen und Hilfe für die Zeit der Trauer bieten. Andererseits befasse ich mich im letzten Kapitel mit dem vielfältigen Thema Tierliebe.
Dabei greife ich sowohl auf Erfahrungen aus meiner mehrjährigen tierpsychologischen Beratungstätigkeit zurück als auch auf psychologische und philosophische Einsichten, die ich in den letzten Jahren gewonnen habe.
Ich möchte einige Aspekte unseres Umgangs mit Tieren etwas näher beleuchten, weil ich glaube, dass über die Mensch-Tier-Beziehung viele Missverständ-

nisse existieren. Besonders wichtig ist es mir dabei, aufzuzeigen, wie eng unsere eigene psychische und physische Gesundheit mit dem Wohlergehen der Tiere zusammenhängt und dass es eine Kausalkette gibt, die immer wieder Leid für Mensch und Tier produziert.

Wenn ich mit meinen Gedanken einen kleinen Beitrag dazu leisten kann, dass unser Planet lebenswerter wird für Mensch und Tier, würde mich das sehr freuen.

Ich wünsche Ihnen viele schöne, liebevolle Stunden mit Ihren Tieren und bedanke mich herzlich für Ihr Interesse an diesem Buch.

Susanne Hartwig

Hinweis: Ich bin weder Tierärztin noch Tierheilpraktikerin. Meine Ausführungen über Sterben und Sterbebegleitung verstehen sich als Anregung, über das Thema nachzudenken, sind aber in keinem Fall dazu geeignet, eine notwendige tiermedizinische Behandlung zu ersetzen.

Aus Gründen der besseren Lesbarkeit habe ich auf den Gebrauch der geschlechtergerechten Sprache verzichtet. Damit ist keine Diskriminierungsabsicht verbunden. Selbstverständlich sind im Zweifelsfall Frauen *und* Männer gemeint.

Da mein Buch keine wissenschaftliche Arbeit darstellt, habe ich die im Text erwähnten Bücher im Anhang aufgeführt, um den Lesefluss nicht durch Quellenangaben oder Fußnoten zu beeinträchtigen.

Daisy's Geschichte

Als ich mich auf den Weg machte, um Daisy und ihre Schwester endlich kennenzulernen, wusste ich schon Einiges aus Erzählungen der Züchterin über die beiden Kartäusermädchen. Daisy war das Mama-Kind, das ihrer Mutter Lilli nicht von der Seite wich, während ihre Schwester verliebt in den Papa war.

Ich war eigentlich schon vor der ersten Begegnung sicher, dass ich mich für Daisy entscheiden würde. Mich beeindruckte ihre Geschichte sehr und ich fühlte mich diesem Kätzchen, ohne es gesehen zu haben, bereits verbunden. Schon ihr erster Lebenstag verlief dramatisch: Das kleine Katzenkind kam mit einem offenen Bauch zur Welt und nur, weil es so kämpferisch und lebenshungrig in ihrer Hand quietschte, fuhr die Züchterin mitten in der Nacht ins nächste Dorf zum einzigen diensthabenden Tierarzt, der sonst nur Rinder behandelte. Ihm war das Ganze auch nicht so geheuer, weil er so etwas Winziges noch nie operiert hatte. Aber er tat sein Bestes, gab Daisy aber keine gute Prognose. Er glaubte, dass sie trotz OP die Nacht nicht überstehen würde.

Aber meine Daisy überlebte und entwickelte sich zu einer schalkhaften, tollpatschigen kleinen Katze, die auch gern mal in ihren Wassernapf purzelte. Wahrscheinlich lernte sie damals schon, Wasser zu schätzen. So wusch sie sich immer erst sorgfältig die Vorderpfötchen, bevor sie aus ihrem Napf trank. Das wurde schnell eines ihrer vielen liebenswerten Rituale.

Als Daisy und ich uns dann zum ersten Mal begegneten, fiel meine endgültige Entscheidung für sie recht schnell, als sie mir mit einem neckischen Zwinkern in meinen großen Zeh biss. Das Wissen um ihre aufregenden ersten Lebenstage und ihre kleine Kämpfernatur machten das Bild von „meiner" Katze komplett. Am Bauch hatte sie immer noch die große Narbe und wir witzelten, dass der Tierarzt lieber gleich einen Reißverschluss hätte einnähen sollen, denn in ein paar Monaten würde Daisy's Kastration anstehen.

Ein paar Wochen nach dieser ersten Begegnung durften wir sie dann endlich abholen in ihr neues Zuhause. Daisy war jetzt zwölf Wochen alt und ihre wunderbare Katzenmama, die ihre kleine Daisy immer im Schlepptau hatte, blinzelte nur träge, als ihr Töchterchen in meinen Katzenkorb kletterte. Auch als ich die Klappe schloss, blieb sie entspannt liegen und ich war froh, dass ich Lilli's Segen hatte. Mir tat es furchtbar leid, die beiden zu trennen, denn sie waren nach wie vor ein Herz und eine Seele.
Daisy legte sich, satt wie sie war, erstmal gemütlich im Korb schlafen (obwohl – satt war sie eigentlich nie). Als wir sie zum Auto trugen, blieb auch zunächst alles ruhig. Während der Fahrt wurde ihr die Sache dann aber wohl doch langsam mulmig und sie miaute etwas, womit sie uns einen ersten Eindruck von ihrer melodiösen, siamartigen Stimme gab.
Gleich als wir zu Hause ankamen und sie alles neugierig ausgekundschaftet und beschnuppert hatte, schnappte Daisy sich eine Sisalrolle und kullerte da-

mit gefühlte zwei Stunden durch den Flur. Ich versuchte immer wieder, ihr spielerisch die Katzenklappe zu erklären, durch die sie ins Bad zu ihrer Toilette gelangen konnte. Dazu hielt ich die Klappe hoch, während sie begeistert rein- und auskletterte, um die Papierkugel zu fangen, die ich ihr hinwarf. Nachdem sie das, ohne aus der Puste zu kommen, -zigmal gemacht hatte, dachte ich, es wäre an der Zeit für sie, zu begreifen, dass ich die Klappe nicht den ganzen Tag hochhalten kann. Ich war auf ein großes Theater gefasst, als sie drin im Bad war und erwartete schon das Ertönen des Gesangs, den ich die nächsten zwölf Jahre noch lieben, aber auch fürchten lernen sollte. Es dauerte keine Minute, da stolzierte sie mit erhobenem Schwänzchen, ohne einen Laut von sich zu geben, zielstrebig durch die Klappe heraus. Ich staunte nicht schlecht.

Gleich wandte sie sich wieder ihrer Sisalrolle zu und polterte weiter damit durch den langen Flur. Erst einige Zeit später wurde sie müde, hüpfte aufs Sofa, begann ihr hochwissenschaftliches Einroll-Ritual und schnurrte vor sich hin. Ich hatte Bedenken, dass sie mitten in der Nacht aufwachen könnte und herzzerreißend nach ihrer Mama rufen würde. Aber sie war von dem aufregenden Tag wohl so mitgenommen, dass sie bis morgens durchschlief. Wir wachten von ihrem Hunger-Morgenlied auf und begeisterten sie mit ihrem ersten Frühstück im neuen Heim. Ich glaube, erst da beschloss sie, zu bleiben. Liebe ging bei ihr buchstäblich durch den Magen und ich bin sicher, für ein leckeres Essen wäre sie mit Jedem mitgegangen.

Diesem ersten Morgen mit Daisy folgten Wochen, Monate, Jahre voller Freude, Schalk, Streicheleinheiten, innigstgeliebter Sonnenplätze, waghalsiger Kratzbaummanöver, irrer Sprungakrobatik, ohrenbetäubender Hunger-Gesänge, fröhlichem Erzählen in immer neuen Tonfolgen, verzücktem Meisen-Beobachten im Baum vor dem Fenster, wohligem Schnurren von Sonnenaufgang bis zum Mondschein... Ja, ich glaube, diese Katze war glücklich. Dazu trug wohl wesentlich ihr ausgeglichenes Naturell bei. Sie lebte ihr Leben mit einer gewissen stoischen Grundheiterkeit, die sie bis zu ihrem Tod nicht verlor.
Als Daisy 10 Jahre alt wurde, zeigten sich bei ihr erste Anzeichen des Alters, ihre Barthaare wurden langsam alle weiß und ihre Gelenkprobleme, die sie durch eine angeborene Fehlstellung der Wirbelsäule hatte, verschlimmerten sich. Auch passierte es jetzt manchmal, dass sie es nicht mehr bis zur Toilette schaffte und sie kam nur mühsam auf höher gelegene Plätze. Nicht jeder Tag war so. Oft führte sie sich auf wie eine einjährige Katze und ließ mich für einige Tage vergessen, dass die Zeit knapper wurde. Doch ihre Ausgelassenheit in solchen Momenten stellte natürlich auch ein großes Verletzungsrisiko für sie dar. Auf Anraten des Tierarztes baute ich alle höhergelegenen Ebenen von Daisy's geliebtem Kratzbaum ab, so dass sie nicht mehr bis unter die Decke klettern und aus großer Höhe herunterspringen konnte. Diese Einschränkung steckte sie erstaunlich gut weg. Sie beäugte nur einmal kurz ihren jetzt irgendwie verstümmelten alten Freund, setzte sich kurz auf die nun oberste Platte, die sich nur noch

knapp einen Meter über der Erde befand, sinnierte blinzelnd vor sich hin und kam wohl zu dem Schluss, dass es nicht zu ändern ist. Dann kletterte sie wieder herunter und es sah aus, als würde sie mit den Schultern zucken und sagen: "Was soll's? Da oben gab's sowieso nie Futter".

Der Kratzbaum verlor immer mehr an Bedeutung und sie zog die Kuschelplätze vor, die ich ihr in Bodennähe einrichtete. Am liebsten lag sie aber nach wie vor bei mir auf dem Sofa, in der Nähe des Fensters und der Heizung. Von da aus konnte sie bequem in den Baum schauen, in dem die frechen Meisen herumhüpften. Manchmal traute sich eine von ihnen direkt ans Fenster und mir schien es oft, als würden sie sich einen Spaß daraus machen, meine Katze in Aufregung zu versetzen. Ich glaube, sie wussten, dass Daisy sie nicht erreichen konnte und spielten ihren Trumpf gnadenlos aus.

Im Herbst genoss sie das wirbelnde Tanzen der bunten Blätter, die der Wind manchmal an die Scheibe wehte. Damit war auch wieder die Zeit gekommen, wo sie sich auf der Heizung wärmen konnte. Es war ein Fest für sie, wenn sie das erste Mal nach dem Sommer das bekannte Rauschen und Blubbern vernahm, mit dem sich die Wärme ankündigte, die sie so liebte. Sie kletterte dann begeistert schnurrend auf den harten Heizkörper, machte sich so schmal wie möglich und kam dann für Stunden nicht wieder herunter. Aus unerfindlichen Gründen benutzte sie nie die bequeme und besser ereichbare Kuschelliege, die ich an der Heizung angebracht hatte.

Es wurde wieder Weihnachten und ich merkte, dass die Tage mit Daisy immer kostbarer wurden. Ihr Bewegungsapparat ließ sie zunehmend im Stich. Manchmal sah ich sie an, streichelte ihr Köpfchen und sagte: "Na, meine Kleine, schaffst Du's noch?" Dann erntete ich einen durchdringenden Blick, tiefes Schnurren und ein kräftiges, bestimmtes 'Mau'.
Ich wusste, ich durfte mir nichts vormachen. Auch wenn ich gehofft hatte, sie würde sehr alt werden, sah es nun nicht mehr danach aus. Ihr Herz war zwar noch kräftig und gesund wie immer, doch ihre Nieren arbeiteten nicht mehr so, wie es sein sollte. Da keine Heilung möglich war, konnte ich meiner Katze die kommende Lebensphase nur noch so schön wie möglich machen. Ich begann mich langsam auf unseren letzten gemeinsamen Lebensabschnitt vorzubereiten.

Im Juni wurde Daisy elf Jahre alt und die guten und schlechten Tage begannen, sich abzuwechseln. Glücklicherweise arbeitete ich zu Hause, so dass ich fast den ganzen Tag bei ihr sein konnte. Sie blieb trotz aller körperlichen Verschlimmerungen immer gleichbleibend gut gelaunt und heiterte mich sogar manchmal mit ihren Albereien auf, wenn ich wiedermal vom, nun mehrmals täglichen, Putzen der Wohnung genervt war. Ich bemühte mich, nie zu Schimpfen, denn ich wusste ja, dass es ihr schwer fiel, mit ihren steifen Hinterbeinen über den Rand der Toilette zu klettern. Manchmal merkte sie es auch einfach zu spät, weil die Nerven in ihrem Rücken nicht mehr richtig funktionierten. Wir hatten die Idee, die Ränder der beiden Katzentoiletten um die Hälfte abzusägen, so dass Daisy leichter hineinkam. Sie war sofort begeistert und die Wohnung blieb von nun an wieder sauber. Aber bereits vier Wochen später schaffte sie auch das nicht mehr und ich spürte immer deutlicher, wie uns die Zeit davonlief.

Ich hatte den Eindruck, Daisy übte das Loslassen. Sie merkte, dass ihr Leben auf der Erde zu Ende ging und verabschiedete sich sowohl von Plätzen, die sie nicht mehr erreichen konnte als auch von Körperfunktionen, die sie bald nicht mehr brauchte. Ich bin heute fest davon überzeugt, dass es so war, denn sie wurde nie depressiv in dieser Zeit, sondern blieb dieselbe ausgeglichene, heitere Katzenpersönlichkeit, die sie immer war. Bis zum letzten Tag genoss sie die kleinen Freuden, die ihr das ganze Leben lang ein Leuchten in ihre Bernsteinaugen zauberten: den täglichen Klecks Butter, den sie lautstark einforderte, als hätte ihr kleiner kranker Körper noch alle Kraft der Welt, die warmen Sonnenflecke auf den Teppichen, die ich allerdings mittlerweile durch waschbare Badematten ersetzt hatte und die ausgiebigen Streicheleinheiten, die sie von mir bekam. Jeden Tag habe ich mir gesagt: Solange ich noch dieses Aufleuchten in ihren Augen sehe, möchte sie leben. Ich war immer mehr davon überzeugt, dass sie es mir zeigt, wenn sie nicht mehr kann. Manchmal sagte ich jetzt leise zu ihr: "Bleib nur, wenn Du es wirklich willst, bleib nicht wegen mir."

Ich hatte mittlerweile mehrmals das Buch von Sabine Arndt und Petra Kriegel über Sterbebegleitung bei Tieren gelesen und wünschte mir so sehr, dass Daisy zu Hause sterben kann. Ich habe ihr und mir geschworen, dass sie nicht auf dem kalten OP-Tisch unter grellem Licht diese Welt verlassen muss. Das hatte ich schon einmal erlebt, als ich noch sehr unerfahren und nervös Daisy's Halbbruder Alex einschläfern ließ. Er war schwer krank und wurde nur ein Jahr alt. Hätte ich damals schon das Wissen über die Sterbephasen gehabt, wäre ihm die letzte hektische Fahrt zum Tierarzt erspart geblieben. Doch so wurde er wohl genau in der ungünstigsten Phase eingeschläfert, aber da er die letzten Tage mit den verschiedensten Medikamenten vollgepumpt worden war, blieb sein Herz Gott sei Dank trotzdem schnell stehen. Alex war ein Kater, der das einzige Jahr seines Lebens mit so viel Abenteuern gefüllt hat, für die Daisy mehrere Jahre brauchte. Heute denke ich, er spürte, dass er nicht viel Zeit hatte und ich glaube, er hat mir meine Unwissenheit längst vergeben, auch wenn die Schuldgefühle sich ganz selten immer noch melden.

Diese Erfahrung hat mich sehr geprägt und seitdem ließ mich das Thema "Einschläfern oder nicht" nicht mehr los. Ich bin sehr dankbar, dass ich bei Daisy die Gelegenheit bekam, es anders zu machen. Ich hatte mich entschieden: Ein Ort, der für sie -wie wohl für die meisten Katzen- schon immer mit Angst besetzt war, sollte nicht der Ort zum Sterben für sie sein. Wenn sie es nicht allein schaffen würde, müsste der Tierarzt zu uns kommen, damit sie in ihrer vertrauten Umgebung sterben kann.

Die letzten Wochen in Daisy's Leben waren geprägt von Loslassen, Vertrauen und einer spürbaren ruhigen Abschiedsstimmung.
Auf der anderen Seite kam ich in dieser Zeit durch Daisy's Pflege, das ständige Säubern der Wohnung, verbunden mit wenig Schlaf, an meine Grenzen. Doch verglichen mit dem, was diese tapfere kleine Katze Woche für Woche aufgab, waren diese Entbehrungen ein Kinderspiel. Wir feierten nochmal ihren Geburtstag, den zwölften, doch diesmal war klar, dass es ihr letzter sein würde.
Ich fragte mich nun täglich: Ist das Leuchten noch da? Ja, noch immer gab es die Momente, in denen sie aufblühte. Sie hatte zum Beispiel von klein auf Spaß daran gehabt, wenn ich mich hinter die Tür stellte, langsam dahinter hervorschaute und mich dann wieder versteckte. Jedesmal, wenn Daisy mich entdeckte, fing sie fröhlich an zu schnattern. Das machte sie auch jetzt noch, nur dass sie nicht mehr dabei auf mich zugerannt kam, sondern auf dem Sofa liegenblieb.

Dann wurde es Herbst, die Blätter färbten sich golden und die Sonne stand schon so tief, dass sie wunderschöne große warme Flecke ins Zimmer zauberte. Daisy überlegte sich nun jeden Schritt und doch entging ihr niemals ein Sonnenplatz. Pünktlich zur Mittagszeit saß sie auf der Türschwelle zum Wohnzimmer, blinzelte ins Licht und fixierte einen Fleck, der groß genug war, um ihren kranken Körper zu wärmen. Es waren ein paar Meter bis dorthin und als ich die konzentrierte Anstrengung in ihrem Blick sah, nahm ich sie vorsichtig hoch und trug sie zum Objekt ihrer Sehnsucht. Sie mochte es eigentlich nie, hochgehoben zu werden und ich akzeptierte das. Aber nun mauzte sie erfreut auf und streckte sich schnurrend auf der sonnigen Matte aus. Die lustigen Verrenkungen, die sie früher dabei gern vor Publikum zum Besten gab, schaffte sie nun nicht mehr, aber ich konnte sehen, dass sie bequem lag und zufrieden aussah. Als die Sonne weiterwanderte, zog ich Daisy auf ihrer Matte immer hinterher bis das Licht verschwand. Das war eines ihrer Lieblingsspiele: Wenn sie in einem Karton oder auf einem Stück Packpapier saß, zog ich sie langsam damit durch die Wohnung. Sie schnurrte und plapperte dann immer fröhlich vor sich hin.

Seit einer Woche konnte sie nun nicht mehr auf das Sofa klettern und ich kaufte ihr ein Puppenbettchen, damit sie von dort aus hinaufkam. Auch konnte sie sich nicht verletzen, wenn sie dort herausstieg. Das gefiel ihr und sie nutzte das weiche Bett auch zum Schlafen, während ich auf dem Sofa saß und ihr auch dieser Aufstieg zu mühsam wurde.
Mir fiel auf, dass ihr Schnurren anders klang. Es war jetzt eher ein kleines, sanftes Gurren, dass sie sonst nur von sich gab, wenn sie sich sehr wohlfühlte. Aber jetzt musste es eine andere Bedeutung haben. Es kam irgendwie schon von weiter her und klang nach Abschied. Mein Kätzchen machte sich auf den Weg, das war ganz deutlich zu spüren.
Ich war unendlich dankbar für die schöne Zeit, die wir miteinander verbringen durften. Jedes Jahr, das

sie länger lebte als Alex, war ein Geschenk für mich. Dass sie trotz ihrer vielen körperlichen Einschränkungen ihr Leben mit soviel Freude und Präsenz gelebt hatte, zeigte mir, wie wichtig es ist, immer vom Tier auszugehen und nie von sich auf andere zu schließen. Der Tierarzt, der nicht glauben konnte, dass sie überhaupt lebensfähig sein würde, hatte sich jedenfalls geirrt. Ich weiß, Daisy würde mir zustimmen, wenn ich sage, sie hatte ein glückliches Katzenleben (Auch wenn es aus ihrer Sicht wesentlich mehr zu Essen hätte geben müssen, das ist mir schon klar...)

Natürlich werde ich nie hunderprozentig wissen, wie es ihr die letzten 4 Wochen ihres Lebens wirklich ergangen ist. Ich kann nur sagen, dass ich alles versucht habe, um ihr bis zum letzten Tag gerecht zu werden und ihr das Leben zu erleichtern, wo ich nur konnte. Aber wenn ich mich ehrlich frage, ob es einen Moment gab, in dem ich sie hätte guten Gewissens einschläfern lassen können, muss ich sagen: Nein - höchstens in dem Moment, kurz bevor ihr Herz aufhörte, zu schlagen. Aber da machte es gar keinen Sinn mehr, denn sie schaffte den Übergang ganz allein. Schmerzen hatte sie wohl hauptsächlich, wenn man ihren Rücken berührte und das konnte ich vermeiden. Ich streichelte sie seit Monaten nur noch am Köpfchen, was sie umso mehr genoss und bürstete sie nicht mehr, denn ihr immer schon nicht leicht zu pflegendes Fell war paradoxerweise noch nie so schön, wie in den letzten Tagen ihres Lebens. Die neuen Mineralstoffe, die sie bekam, bescherten ihr einen wunderschönen dichten, glänzenden Kartäuserpelz und hätte es nicht genügend andere eindeutige Zeichen gegeben, wäre ich nicht auf die Idee gekommen, dass dies das Fell einer sterbenden Katze war.

Einen Tag vor ihrem Tod hörte Daisy auf zu fressen. Eindeutiger konnte sie mir nicht mitteilen, dass es ihr diesmal ernst war. Wenn es etwas gab, das sie auch an schlechten Tagen liebte, dann war das ihr voller Futternapf. Doch nun gab es wohl keinen Grund mehr, Energie aufzunehmen, ihr Körper war bereits unwichtig geworden. Und trotzdem forderte sie noch einmal mit ihrer gewohnt leidenschaftlichen Stimme ihren morgendlichen Butterklecks ein. Sie hatte zwar kaum noch Kraft zu stehen und musste sich am Kühlschrank anlehnen, aber es war ihr wohl so wichtig, dass sie ihre letzten Reserven mobilisierte. Vielleicht war sie sich darüber im Klaren, dass es das letzte Mal ist?
Sie schlief dann den Rest des Tages auf ihrem dicken warmen Bodenkissen im Wohnzimmer. Ich streichelte immer wieder ihr Köpfchen und sie gurrte leise. Am Abend spielte ich ihr noch einmal auf dem Klavier eines ihrer „Lieblingsstücke", zu dem sie sich immer räkelte und schnurrte. Auch jetzt streckte sie nochmal ihre Pfötchen aus und drehte ihr Köpfchen auf diese unnachahmliche Weise ein, wie das nur Katzen können.
In der Nacht wurde ihr Atem schwerer und sie fühlte sich kälter an. Gegen Morgen begannen die Zuckungen, von denen ich bereits gelesen hatte. Ich wusste, dass das normal für diese Sterbephase war, aber

trotzdem machte es mir Angst, weil ich nicht sicher war, ob ich Daisy das zumuten durfte. Aber dann merkte ich, dass sie selbst dabei eine ruhige Würde ausstrahlte, die überhaupt nicht zu meiner Verwirrung passte.

Das Zucken verebbte immer wieder, dann hob Daisy ihr Köpfchen und ihr Blick war konzentriert, aber nicht ängstlich. Nach einer Weile überflutete die nächste Welle ihren kleinen Körper und ihr schwerer Atem ging rhythmisch zu den Zuckungen. Ich saß neben ihr und redete ihr beruhigend zu. Aber eigentlich beruhigte ich mich damit selbst. Gleichzeitig fühlte sich das, was geschah, richtig an, obwohl es neu für mich war. Mir kam es vor wie eine Geburt: Die rhythmischen Energiewellen, denen sich Daisy hingab, ihre Konzentration auf das Geschehen, welches sich seinen natürlichen Weg bahnte, die Ruhepausen zwischen den "Wehenphasen". Alles geschah, damit etwas Neues geboren werden konnte.

Noch einmal hob Daisy ihr Köpfchen und schaute ungewöhnlich lange in meine Richtung. Ihre Augen waren jetzt wie ein Spiegel und ich weiß nicht, ob sie mich noch sehen konnte. Sie schien schon fast drüben angekommen zu sein.

Es war das letzte Mal, dass ich in ihre wunderschönen Bernsteinaugen schaute. Eine starke Welle erfasste Daisy's Körper und plötzlich sank ihr Köpfchen sanft auf die Seite - ihre Seele flog...

Ich zündetet eine rote Kerze an, streichelte ihr weiches Fell und ließ den Tränen freien Lauf. Sie fühlte sich schon ganz kalt an und ich erinnerte mich an

eine Passage aus dem Tibetischen Totenbuch, wonach ein gutes Sterben bei den Füßen beginnt, sich nach oben ausbreitet und in vollem Bewusstsein endet. Wenn das zutrifft, hatte Daisy wohl einen guten Tod.
Ich öffnete ein Fenster und das fröhliche Gezwitscher der Vögel klang durch die morgendliche Stille. Die Sonne schien und die Nachbarskatze sprang ausgelassen in einem Haufen gelber Blätter herum. So nah liegen Leben und Tod beieinander, dachte ich.

Daisy's Körper wollte ich noch ein paar Stunden so friedlich liegenlassen und bestellte den Tierbestatter für den späten Mittag.
Ich bürstete noch einmal langsam ihr schönes Fell und hatte immer noch Angst, ihr damit wehzutun, als ich sanft über ihren Rücken strich. Das kleine Fellbüschel aus der Bürste hob ich mir als Andenken an Daisy's physische Präsenz auf.
Als gegen Mittag der Bestatter kam, wählte ich eine cremefarbene Urne mit goldenen Pfötchenabdrücken aus und wir sprachen eine Weile über seinen Beruf und Daisy's Persönlichkeit. Dabei kam auch manch lustiger Moment zur Sprache und auch das Lachen zwischen den Tränen fühlte sich richtig an. Daisy's Körper lag während dessen friedlich und irgendwie feierlich da. Um sie herum breitete sich eine immer deutlicher werdende Ruhe aus.
Dann wickelten wir sie vorsichtig in die weiche Thermodecke, die ich ihr erst vor ein paar Tagen gegen die beginnende Kälte gekauft hatte. Dass Daisy sich steif anfühlte, erschreckte mich nicht. Es war

für mich nur wie die letzte Konsequenz eines Prozesses, in dem ihr Körper immer unbeweglicher geworden war.

Bevor der Bestatter sie die Treppe hinuntertrug, streichelte ich sie noch einmal durch die Decke hindurch, die sie einhüllte. Ich verabschiedete mich von meiner Katze und schaute lange dem Auto hinterher, in dem sie nun ihre letzte Reise antrat. Als ich die Wohnung wieder betrat, empfing mich eine merkwürdige Stille – keine einsame, leere, sondern eine fast laute Stille.

Ich wusch ein letztes Mal die verschmutzten Badematten, räumte die Katzentoiletten weg und ließ ansonsten alles wie es war. Wie oft hatte ich mir in den letzten Wochen eine saubere Wohnung gewünscht, doch nun schaute ich wehmütig auf jeden Fleck, strich in Gedanken über die Fäden im Sofabezug, die Daisy mit ihren Krallen gezogen hatte, und war - auch wenn es seltsam klingen mag - froh über diese "Andenken" an meine Katze. Daisy's Lieblingskissen, mit ein paar grauen weichen Katzenhaaren darauf, roch noch nach ihr. Ich streichelte sanft darüber und durch die Tränen hindurch empfand ich eine tiefe Dankbarkeit und auch Trost.

Ich hatte überhaupt nicht den Eindruck, dass Daisy fort war, sondern spürte ihre Präsenz in allen Räumen auf eine beruhigende Art und Weise. Natürlich war mir klar, dass sie physisch nicht mehr anwesend sein konnte. Aber ihr Wesen, ihre Essenz, war immer noch da. Diese Empfindung machte mir das Trauern leichter. Immer wieder "sah" ich sie irgendwo schelmisch um die Ecke biegen und auf die warme Hei-

zung klettern. Egal, ob ich mir das nun einbildete, weil mein Gehirn gnädig mit mir sein wollte, oder nicht - ich glaube an die Unsterblichkeit der Seele, und falls diese sich dafür entscheidet, noch ab und zu auf der Erde vorbeizuschauen, dann ist ihr das selbstverständlich möglich.
Bis heute spüre ich meine geliebte Katze manchmal als warme, beschützende, einhüllende Präsenz bei mir. Wer das schon einmal erlebt hat, wird wissen, was ich meine. Erklärungen durch Worte stoßen hier schnell an Grenzen.

Eine Woche nach Daisy's Tod konnte ich die kleine hübsche Urne mit ihrer Asche abholen. Es war ein ganz besonderer Moment, die Endgültigkeit des Abschieds in meinen Händen zu halten. Ich trug sie vorsichtig in meiner Tasche nach Hause und stellte sie auf das sonnige Fensterbrett über der Heizung, von wo aus Daisy so gern, gewärmt und zufrieden, das Treiben im Baum beobachtet hatte. Dort leuchten nun die goldenen Pfötchen der Urne und erinnern mich an den schimmernden Glanz in den Augen meiner Katze.

Daisy wird für immer bei mir sein, auch wenn ich sie nicht mehr berühren und sehen kann. Sie hat ihre Aufgabe auf dieser Welt erfüllt, ihr Schicksal tapfer getragen, das Leben mit allen Sinnen ausgekostet und mein Leben durch ihres reicher gemacht.
Ich weiß, dass ihr nichts fehlt dort, wo sie jetzt ist. Und über das Wichtigste mache ich mir überhaupt keine Sorgen: Butter gibt es auch im Himmel...

Abschied

Wenn wir beschließen, einem Tier einen Platz in unserem Zuhause und unserem Herzen zu geben, öffnen wir uns damit gleichzeitig für die Themen Sterben und Tod. Dies tun wir allerdings nicht bewusst, weil wir mit dem Zusammenleben mit einem Tier natürlich zunächst einmal Lebensfreude, Wärme, Geborgenheit, Abenteuer und Freundschaft verbinden.
Tiere sind nach meiner Überzeugung wie wir Menschen beseelte Wesen. Ich sehe sie als weise Lehrer an, die uns helfen, mitfühlender und bewusster zu leben, wenn wir für dieses Angebot offen sind.
Die meisten Menschen haben heute den Tod aus ihren Gedanken und ihrem Lebensumfeld verbannt. Wenn wir nicht durch einen Schicksalsschlag wie einen Unfall, eine schwere Krankheit oder den Verlust geliebter Menschen, besonders eines Kindes, dazu gezwungen werden, die Endlichkeit wieder in unser Leben einzubeziehen, verfallen wir schnell den Verführungen des sogenannten Fortschritts. Vieles von dem, was wir glauben, zu brauchen oder sein zu müssen, lenkt uns nur von der Tatsache ab, dass sich das alles von einem Tag auf den anderen als Illusion herausstellen wird - für manche eher, weil sie schon früh mit existenziellen Verlusten konfrontiert werden, für andere später. Aber wir alle werden sterben, vielleicht noch heute, vielleicht morgen, nächstes Jahr im Mai, in fünf oder in fünfzig Jahren...
Seneca schrieb dazu ungefähr im Jahr 49:

"Könnte man sich die Zahl der noch zur Verfügung stehenden Lebensjahre so wie die Zahl der vergangenen vor Augen führen, wie würden jene Menschen geängstigt, die nur wenige Jahre vor sich sehen, wie schonend würden sie mit diesen Jahren umgehen. Eine bestimmte, noch so kurze Zeitspanne kann man leicht einteilen. Mit erhöhter Sorgfalt muss man etwas hüten, von dem man nicht weiß, wann es zu Ende geht."

Diese Ungewissheit des Todeszeitpunkts gilt auch für die Tiere, nur dass sie selbst darüber wohl nicht reflektieren können. Sie haben keine Angst vor dem Sterben und nehmen es an wie Sonne, Regen, Geburt und auch Schmerzen. Natürlich haben sie Angst, wenn sie gequält werden oder in eine Falle geraten, aber hier haben wir es meist mit den Perversitäten von Menschen zu tun, die Vertrauen, Abhängigkeit, Neugier oder Hunger der Tiere für ihre Zwecke ausbeuten. Ein Tier in Freiheit oder zumindest in bestmöglicher menschlicher Obhut lebt ganz selbstverständlich in den großen Naturrhythmen von Geburt, Wachsen, Reifen, Altern und Sterben. Der Mensch der heutigen hochentwickelten Gesellschaften jedoch hat dieses Einvernehmen mit den Naturkreisläufen verlernt, obwohl wir Menschen bestens dafür ausgestattet sind.

Unsere Tiere erweisen uns hier einen großen Dienst, wenn sie uns an ihrem Leben und auch, wenn möglich, ihrem Sterben teilhaben lassen. Wir können dieses Geschenk dankbar annehmen, indem wir ihnen ein Leben erlauben, das so gut wie möglich ist. Das setzt voraus, dass wir uns ganz bewusst mit ihren Bedürfnissen auseinandersetzen und eventuell auch den Mut zum Verzicht aufbringen, wenn zum Beispiel nach gründlichem Nachdenken klar wird, dass wir zum jetzigen Zeitpunkt einem Tier nicht gerecht werden können. Wir lernen nicht zuletzt sehr viel über uns selbst, wenn wir uns so intensiv und ehrlich mit dem Wesen und den Wünschen unserer derzeitigen oder zukünftigen Gefährten beschäftigen.

Idealerweise machen wir uns schon früh Gedanken darüber, was unser Tier braucht, wenn es älter wird und der Abschied näher rückt. Je nach Tierart können wir zwar ungefähr abschätzen, wie alt das Tier werden wird, aber auch hier ist nichts sicher: Ein Hamster lebt höchstwahrscheinlich viel kürzer als ein Hund oder eine Katze, doch kann es auch ganz anders kommen. Vor Krankheiten und Unfällen gibt es eben keinen hundertprozentigen Schutz. Deshalb halte ich es für sehr wichtig, sich eine persönliche Haltung zu Sterben und Tod zu erarbeiten, die ein gutes Fundament bietet, wenn es so weit ist.
Das klingt nach Anstrengung und Freudlosigkeit, ist es aber keineswegs. Gerade hier finden wir den Schlüssel zu wahrer Lebensfreude. Vielleicht haben Sie schon selbst die Erfahrung gemacht: Egal, ob sie an ein, wie auch immer aussehendes, Leben nach dem Tod glauben oder nicht - das Bewusstsein der eigenen Endlichkeit und der unserer Lieben, lässt das Leben intensiver und sinnerfüllter werden. Die Oberflächlichkeit und die vielen Ersatzbefriedigun-

gen, mit denen wir uns ablenken, fallen dann von uns ab und wir haben die einmalige Chance, der unverwechselbare Mensch zu werden, der wir sein sollen.

Mitten im Leben

Wenn ein junges Tier durch das Haus tollt, freuen wir uns einfach nur und lachen über dieses tapsige, lebensfrohe Energiebündel. Kaum jemand denkt in diesen Momenten daran, dass dieses kleine Tierindividuum nicht ganz so selbstverständlich bei uns ist, wie wir meinen. Hinter ihm liegt bereits eine entscheidende Schwelle, seine Geburt. Schon hier kann der Weg eines jungen Lebewesens zu Ende sein. Es ist aber nur natürlich, dass wir uns darüber nicht ständig Gedanken machen, denn dann würden wir vielleicht aus Angst zu überbehütendem Verhalten neigen, und das Tier könnte dadurch Verhaltensstörungen entwickeln.

Es kann deshalb nicht darum gehen, ständig Angst vor dem Tod zu haben, sondern eine gewisse heitere Gelassenheit zu entwickeln in dem Bewusstsein, dass es keinen objektiv richtigen Zeitpunkt zum Sterben gibt. So abgegriffen der Satz auch klingen mag: Der Tod gehört zum Leben. Mitten im Leben ist er immer bei uns, als Möglichkeit oder Bestimmung, je nach persönlicher Sichtweise.

Ein Glauben an eine über unsere sichtbare Welt hinausgehende Existenz kann uns allerdings sehr helfen, diese Gelassenheit zu entwickeln. Für mich selbst war diese andere Daseinsebene glücklicherweise immer selbstverständlich, obwohl ich als Kind atheistisch aufgewachsen bin. Wie es dort "drüben" genau aussieht, kann ich nicht sagen, da werde ich mich, wie wir alle, überraschen lassen müssen. Aber ich bin mir sehr sicher, dass alles, was auf unserer Erde geschieht, seinen Sinn hat, auch ein zunächst sinnlos aussehender Tod eines geliebten Menschen, gar eines Kindes, oder eben auch „nur" eines Haustieres.

Das sagt sich natürlich leicht dahin und wird durch Wiederholen auch nicht glaubhafter. Eltern, die um ein Kind trauern, finden meine Überzeugung wahrscheinlich eine Zumutung. Wo soll da ein Sinn sein, wenn ein Kind vor seinen Eltern stirbt und in seinen wenigen Lebensjahren oder -tagen auch noch leiden musste?

Vielleicht ist es ja so, dass wir manchmal den Sinn dahinter nicht finden können, sondern ihn aktiv selbst herstellen müssen, um das Leid auszuhalten.

Wenn unsere Haustiere nach einem erfüllten Leben älter werden und die ersten Anzeichen des bevorstehenden Abschieds sichtbar werden, sollten wir spätestens beginnen, uns mit dem heiklen Thema Euthanasie (in etwa „leichter, schöner Tod") zu beschäftigen. Diesen Begriff haben wir heute meist durch das harmlosere Wort „Einschläfern" ersetzt, nicht zuletzt deshalb, weil er im sogenannten Dritten Reich für die Ermordung von Menschen missbraucht wurde.

Während unser Hamster oder das Meerschweinchen vielleicht eines Tages einfach leblos in seinem Käfig liegt, ist es heutzutage fast normal geworden, den geliebten Hund oder die Katze vom Tierarzt "erlösen" zu lassen. Diese Art des Sterbens erscheint uns human und richtig.
Unser Tier dagegen seinen natürlichen Tod sterben zu lassen, empfinden wir, bei einer bestehenden Krankheit oder immer häufiger auch nur bei normalen Alterserscheinungen, als grausam.

Uns heutigen Menschen erscheint der Tod als Zumutung und als einer der letzten Bereiche, die wir nicht steuern können. Wir haben den natürlichen Vorgang der Geburt mittlerweile fast vollständig technisiert und durchgeplant, und so bleibt nur noch der Tod, den wir, wenn wir ihn schon nicht abschaffen können, wenigstens unter unsere Kontrolle bringen wollen. Die Forderung nach Legalisierung der aktiven Sterbehilfe passt daher sehr gut in unsere Zeit, doch über die legale, passive Sterbehilfe wissen die meisten Menschen dagegen sehr wenig.
Dem zu Grunde liegen oft diffuse, aber auch ganz konkrete Ängste. Dabei ist die Angst vor einem schmerzhaften Sterben heute in den meisten Fällen nicht mehr begründet, denn die Erfolge der Palliativmedizin bei der Versorgung Sterbender sind nicht zu übersehen. Wer sich dafür näher interessiert, dem sei das Buch von Gian Domenico Borasio "Über das Sterben" empfohlen.
Was bleibt, sind unsere Ängste vor Abhängigkeit und Kontrollverlust. Vielleicht erinnert uns das zu sehr

an die Hilflosigkeit, die wir als Babies erlebt haben? Für viele Menschen war diese Zeit keine glückliche und die Erinnerung daran ist tief in ihnen vergraben. Da wir damals noch nicht sprechen konnten, ist unsere Angst vor der Abhängigkeit während der letzten Lebenstage vielleicht so unaussprechlich.

Der Wunsch nach einem selbstbestimmten Sterben ist verständlich. Niemand ist als erwachsener Mensch gern von anderen abhängig und ihnen ausgeliefert. Deshalb ist es nur folgerichtig, dass wir die Möglichkeit schätzen, wenigstens unsere Tiere „erlösen" zu können, wenn uns ihr Leben nicht mehr lebenswert erscheint.
Auch ich bin froh, dass wir Tiere, die zum Beispiel nicht mehr zu lindernde Tumorschmerzen haben, durch einen Tierarzt, meist schmerzlos, einschläfern lassen dürfen.
Das Problem dabei ist nur, dass wir allein die gesamte Verantwortung tragen und das Tier nicht widersprechen kann. Wir haben buchstäblich die Macht über Leben und Tod. Wir müssen davon ausgehen, dass das Tier unseren Entschluss gutgeheißen hätte, sonst könnten wir nicht oder nur schwer damit leben.

Nun bringt diese Entscheidung aber viele Menschen in einen Konflikt. Auf der einen Seite möchten sie bis zum Schluss nur das Beste für ihr Tier. Andererseits können sie nur vermuten, was dieses Beste ist, wissen können sie es nicht. Manche Menschen werden deshalb von quälenden Schuldgefühlen geplagt.

Ich würde mir wünschen, dass wir alle uns bewusster mit diesem Thema beschäftigen und nicht einem Automatismus erliegen. Jedes Tier, so wie jeder Mensch, ist einzigartig und auch Krankheiten verlaufen bei jedem Menschen oder Tier anders. Dieselbe Diagnose kann deshalb bei zwei unterschiedlichen Tieren zu völlig anderen Konsequenzen führen. Euthanasie und natürlicher Tod sind für mich keine unversöhnlichen Gegensätze, sondern wie die beiden Seiten einer Medaille. Mal ist das Eine angemessen, mal das Andere.

Soll ich mein Tier einschläfern lassen?

Unter Tierhaltern hört man hauptsächlich zwei Meinungen, die sich scheinbar unversöhnlich gegenüberstehen. Die eine lautet: „Menschen, die ihr Tier nicht erlösen lassen wollen, können nur nicht ertragen, es loszulassen und verschließen sich dabei dem Leid des Tieres auf eine egoistische, klammernde Weise." Die andere Meinung wird meist so geäußert: „Man kann sein Tier doch nicht umbringen lassen, denn einem Menschen gibt man doch auch nicht einfach die Todesspritze, wenn er alt und krank ist."
Was ich hier zugespitzt formuliert habe, ist bei jedem Tierbesitzer natürlich meist mit einem ernsthaften, differenzierten Abwägen verbunden. Aber jeden von uns beeinflussen diese beiden Ansichten stark, wenn uns das geliebte Tier zu einer Entscheidung zwingt.

Wenn man sein Tier wirklich liebt, lässt man es gehen, wenn es an der Zeit ist. Das ist der gemeinsame Nenner, auf den sich wohl fast alle Tierbesitzer leicht einigen können. Dies bedeutet allerdings, dass wir einerseits darauf verzichten, das Leben unseres Tieres um jeden Preis verlängern zu wollen. Hier müssen wir lernen, loszulassen. Nicht alles, was heute medizinisch machbar ist, dient unserem Tier am Lebensende. In der Praxis von Daisy's Tierarzt hängt dazu ein kluger Ausspruch: "Unsere Aufgabe ist es nicht, dem Leben mehr Jahre zu geben, sondern den Jahren mehr Leben." Andererseits wollen wir uns aber auch nicht vorwerfen müssen, nicht alles für die Gesundheit unseres Freundes getan zu haben. Hier müssen wir zuallererst und ausschließlich vom jeweiligen Tier ausgehen, um herauszufinden, was es braucht.

Kein Tier ist mit einem anderen vergleichbar und nur wir kennen seine Persönlichkeit so gut wie kein anderer, weil wir jeden Tag mit diesem einzigartigen Wesen zusammenleben. Nur wir wissen, wie unser Tier mit Krankheit umgeht, ob es eher still leidet, sich unauffällig verhält, um sich nichts anmerken zu lassen - was bei den wildlebenden Verwandten unserer Haustiere überlebenswichtig ist - oder ob es Schmerzen äußert und vielleicht sogar aggressiv wird.

Bei einer etwaigen Wesensveränderung in Richtung Rückzug oder Aggression sollte uns der erste Weg zum Tierarzt führen. Auch plötzliche Unsauberkeit kann ein Signal für Schmerzen sein. Manchmal merkt man überhaupt nur durch die Gabe von Schmerzmitteln, dass das Tier Schmerzen gehabt haben muss, weil es nun wieder aktiver und an der Umwelt interessierter wirkt. Es wäre also ein Trugschluss, aus nicht vorhandenen Schmerzäußerungen zu folgern, dass das Tier keine Schmerzen hat.

So gut wir unser Tier auch kennen, kommen wir doch nicht an der schwierigen Aufgabe vorbei, uns immer wieder selbstkritisch zu fragen, ob es gerade um uns geht oder um unser Tier. Können nur wir selbst es nicht aushalten, dass unser Liebling möglicherweise leidet oder ist es wirklich für das Tier so eine Qual, dass es nicht mehr leben will und/oder kann?

Im Alter können Krankheiten auftreten, die unser Tier, uns und unseren gewohnten Tagesablauf eventuell sehr verändern, so dass wir Angst bekommen können und uns hilflos, gestresst und verzweifelt fühlen. Wir sehen nun deutlich, dass nichts mehr so sein wird wie früher. Unser Liebling ist alt, krank und wird sterben. Diese Erkenntnis kann uns so verstören, dass wir nicht mehr objektiv sind.

Falls unser Tier von klein auf nicht gesund war oder behindert ist, ist es für uns leichter, weil die Möglichkeit eines frühen Todes dann immer im Raum steht und ein Verdrängen so nicht möglich wird. Ist unser Tier aber sein Leben lang fit gewesen und seine einzigen Tierarztbesuche beschränkten sich auf die Kastration und die Impfungen, können wir das Thema Sterben ganz gut fernhalten. Es holt uns dann unvorbereitet ein und trifft auf unsere geballten Ängste, mit denen wir uns vielleicht nie vorher auseinandersetzen mussten.

Um unserem Tier nun gerecht zu werden, hilft nur bedingungslose Ehrlichkeit uns selbst und damit dem Tier gegenüber. Schauen wir deshalb selbstlos und liebevoll auf unseren Freund: Woran hatte unser Tier früher Freude? Sind davon auch jetzt noch Momente übrig geblieben? Kann das Tier noch irgendetwas genießen?

Nutzen Sie die starke Verbindung zu Ihrem Tier, um sich so gut wie möglich in es einzufühlen. Dafür brauchen Sie Ruhe und Zeit.Versuchen Sie, die Umgebung mit seinen Sinnen wahrzunehmen. Sie könnten möglicherweise dabei bemerken, dass Ihr Tier spürt, dass es bald sterben wird. Seine Welt ist klein geworden, aber es hat vielleicht noch immer Interesse an seinem engsten Umfeld und seiner Familie. Ja, es hat auch manchmal Schmerzen, aber die sind (noch) gut auszuhalten. Es sieht und/oder hört vielleicht kaum noch etwas und braucht deshalb eine verlässliche, stabile Umgebung, wo keine Möbel verrückt werden und es keine scharfen Kanten gibt.

Es geht hier nicht um unsere eigenen Vorstellungen von lebenswertem Leben. Niemand kann für ein anderes Wesen festlegen, ob es Lebensqualität hat oder nicht. Lebensqualität ist kein objektives Kriterium, sondern eine zutiefst subjektive Angelegenheit. Da unsere Tiere aber nicht in unserer Sprache darüber kommunizieren können, müssen wir uns ganz besonders der Verantwortung stellen, für sie die bestmögliche Entscheidung zu treffen.

Es ist gut möglich, dass Menschen, die Ihr Tier lange nicht gesehen haben, über seinen jetzigen Anblick sehr erschrecken und wohlmeinend dazu raten, es doch lieber einschläfern zu lassen. Dann benötigen Sie eine große innere Stärke, sich nicht dem schlechten Gewissen und der allgemeinen Meinung zu ergeben. Es ist schwer, sich in dieser Situation nicht als Unmensch zu fühlen.

Wägen Sie immer wieder ganz in Ruhe neu ab, wie es um Ihr Tier steht. Lassen Sie sich bitte nicht unter Druck setzen, weder in Richtung Euthanasie noch dagegen.

Das Leben fordert von uns ständig Entscheidungen, die aufgrund der Komplexität der Welt selten ideal, sondern nur gut oder weniger gut sein können. Richtig oder Falsch sind Kategorien, die ich bei der Abwägung für oder gegen das Einschläfern unseres geliebten Tieres als zu streng empfinde. Wir sind hier allein auf uns gestellt und müssen lernen, unsere Entscheidung als die Bestmögliche zu sehen, die wir zu diesem Zeitpunkt aufgrund aller Informationen, unvorhersehbarer Umstände und vor allem der Liebe zu unserem Tier treffen können bzw. konnten.

Wenn Sie sich eine solche Entscheidung über die Art des letzten Weges Ihres Tieres nicht allein zutrauen, können Sie auch Kontakt zu Tierheilpraktikern oder Tierärzten aufnehmen, die bereits Erfahrung mit Sterbebegleitung haben und nicht dogmatisch pro oder kontra Euthanasie argumentieren.

Erfahrene Sterbebegleiterinnen wissen, dass das Tier selbst anzeigt, was es braucht und ob es den Sterbeweg allein schafft. Auch wenn man sich schon lange dafür entschieden hatte, seinen Freund den natürlichen Tod im gewohnten Zuhause sterben zu lassen, kann es dann aber doch so kommen, dass das Tier in den entscheidenden Stunden deutlich macht, dass es Hilfe im Sterbeprozess benötigt. Manchmal reichen dann die oft so segensreichen naturheilkundlichen Mittel nicht aus und das Einschläfern durch den Tierarzt ist nun der letzte Liebesdienst, den Sie Ihrem Tier erweisen können.

Wenn möglich, sollten Sie bereits mit Ihrem Tierarzt darüber gesprochen haben, dass er oder eine Vertretung in diesem Fall zu Ihnen nach Hause kommt. Es ist für jedes Tier die angenehmere, stressfreiere Lösung, in seinem gewohnten Umfeld sterben zu dürfen.

Außer in Notfällen, wie z.B. einem Verkehrsunfall oder bei sehr verunsicherten Tierbesitzern, die sich nicht anders zu helfen wissen, sollten wir es vermeiden, ein sterbendes Tier in seinen letzten Lebensminuten noch dem Stress des Transportes zur Tierarztpraxis und den dortigen angstauslösenden Umständen auszusetzen. Das wäre zumindest der Idealzustand, den wir anstreben können, doch wohl oft nicht erreichen werden.

Wie möchte ich mein Tier bestatten?

Eine weitere notwendige Frage betrifft die Art und Weise, wie wir unseren Freund nach seinem Tod gern bestatten möchten.

Da wir nicht wissen können, wann und wo unser Tier sterben wird, trägt eine frühzeitige Beschäftigung mit den verschiedenen Möglichkeiten der Tierbestattung sehr dazu bei, in der Zeit des Abschieds die Ruhe bewahren und uns ganz auf unser Tier einlassen zu können.

In Abhängigkeit davon, was Sie möchten, was Sie sich leisten können und welche örtlichen Gegebenheiten bei Ihnen vorhanden sind, gibt es heute glücklicherweise eine Vielzahl an Möglichkeiten, unserem verstorbenen Liebling die letzte Ehre zu erweisen.
Ich persönlich hatte mir schon einige Zeit vor Daisy's Tod das Geld für eine Einzeleinäscherung mit Schmuckurne zurückgelegt. Dazu hatte ich mich im Internet informiert und mir verschiedene Prospekte zusenden lassen. Ein Jahr, bevor Daisy starb, eröffnete in meiner Stadt dann ein kleines Tierbestattungsunternehmen, was mir die Entscheidung noch leichter machte.
Tierfriedhöfe kamen für mich nicht in Betracht, weil dort sehr reglementiert wurde, wie das Grab auszusehen hat und ich einen längeren Weg dorthin hätte zurücklegen müssen. Einen eigenen Garten habe ich leider nicht und eine anonyme Gruppeneinäscherung wollte ich nicht.
So steht die hübsche Urne meiner Katze nun auf Daisy's Lieblingsplatz am sonnigen Wohnzimmerfenster. Alle Besucher finden sie schön und erkennen sie oft zunächst gar nicht als Urne.
Sollte Ihr Tier in einer Tierarztpraxis sterben, können Sie auch von dort aus ein Tierbestattungsinstitut beauftragen, den Körper Ihres Tieres abzuholen und sich über alle Möglichkeiten der Bestattung beraten lassen.

Anderenfalls würde der Körper Ihres Tieres gesetzmäßig der Tierkörperverwertung übergeben, was ich persönlich überhaupt nicht schön finde. Natürlich kann man argumentieren, es sei doch sowieso nur noch die leblose unbeseelte Hülle unseres Freundes und so würde doch nur ein natürlicher Kreislauf geschlossen. Das ist sicher nicht falsch und viele Menschen haben auch gar keine andere Wahl, weil sie sich eine alternative Form der Bestattung nicht leisten können. Allerdings kann es die Trauer und das Begreifen sehr erleichtern, einen Gegenstand oder einen bestimmten Ort als Gegenüber zu haben.

Wofür auch immer Sie sich entscheiden - es muss zu Ihnen und Ihren Lebensumständen passen. Fragen Sie sich, mit welcher Art der Bestattung Sie am besten leben können. Andere Menschen haben das nicht zu beurteilen, auch wenn der Austausch mit anderen helfen kann, sich über den eigenen Wunsch klarer zu werden.

Sterbebegleitung

Die Sterbebegleitung und die möglicherweise vorausgehende längere Pflegezeit des geliebten Tieres kann uns an unsere physischen und psychischen Grenzen führen. Es wäre sehr günstig, wenn Sie in dieser Zeit wenigstens einen Menschen haben, mit dem Sie über Ihre Gefühle und Gedanken frei sprechen können. Vielleicht kennen Sie jemanden, der sein Tier selbst beim Sterben begleitet hat und Ihnen deshalb keine zusätzlichen Zweifel und Schuldgefühle bereitet.

Falls Sie ganz allein in dieser Zeit sind, brauchen Sie die starke innere Gewissheit, dass Sie nur das Beste für Ihren Freund tun werden, egal, was andere Menschen Ihnen sagen.

Damit Sie so gut wie möglich auf die Veränderungen vorbereitet sind, die mit der Begleitung Ihres Tieres im Sterbeprozess einhergehen können, empfehle ich Ihnen sehr, frühzeitig, spätestens jedoch, wenn Ihr Tier die ersten Anzeichen von Alter und/oder Krankheit zeigt, Literatur über das Sterben zu lesen. Auch wenn Sie das Überwindung kostet, wenn Ihr Tier trotz kleiner Einschränkungen noch lebhaft und fröhlich ist - es hilft, Ihre Panik und Unsicherheit zu minimieren, falls das Sterben sehr plötzlich beginnt.

Auch wenn Sie vielleicht den Eindruck haben, dass sich die verschiedenen Informationen aus Büchern und dem Internet in einigen Punkten widersprechen, werden Sie nach einer Weile der Beschäftigung mit diesem Thema für sich den roten Faden darin finden, so dass Sie gut informiert und vorbereitet Ihren Freund auf seinem letzten Weg begleiten können.

Eine Auswahl von Büchern, die mir in der Zeit von Daisy's letzten Wochen sehr geholfen haben, habe ich im Anhang für Sie zusammengestellt. Besonders möchte ich dabei nochmals auf das Buch von S. Arndt und P. Kriegel hinweisen, in welchem Sie sehr detailliert und liebevoll am Beispiel eines Hundes und einer Katze duch die einzelnen Sterbephasen geführt werden. Auch wenn das Sterben jedes einzelnen Tieres so individuell abläuft, wie es gelebt hat, zeichnen sich die einzelnen Phasen doch immer mehr oder weniger deutlich ab. Bei meiner Katze waren die Übergänge sehr klar zu erkennen, doch kann das bei Ihrem Tier auch ganz anders sein. Bei einem verunfallten Tier z.B. geht alles sehr schnell und wir können uns vorstellen, dass hier die einzelnen Phasen vielleicht wie im Zeitraffer ablaufen. Da ich allerdings nicht die jahrelange Erfahrung aus zahlreichen Sterbebegleitungen habe wie z.B. die beiden Autorinnen des von mir empfohlenen Buches, möchte und kann ich hier nicht auf physiologische Details des Sterbeprozesses eingehen. Ich werde mich deshalb eher auf das psychologische Geschehen beschränken.

Es ist durchaus möglich, dass Sie den spirituellen Aspekten des Modells der Sterbephasen eher skeptisch gegenüber stehen. In diesem Fall können Sie nur Ihrem Tier und Ihrer Intuition vertrauen, die Sie in jeder Situation die bestmögliche Entscheidung treffen lässt.
Versuchen Sie bitte, ruhig und zuversichtlich zu bleiben, auch wenn es das erste Mal sein sollte, dass Sie so nah und unausweichlich mit dem Sterben konfrontiert werden. Ihr Tier spürt allerdings auch, wenn Sie sich verstellen. Sollten Sie also starke Angst empfinden, wenn das Leben langsam Ihr geliebtes Tier verlässt, hilft es Ihnen vielleicht, Ihre Angst als ein kleines hilfloses Kind zu sehen, dem Sie als Erwachsener sich liebevoll tröstend zuwenden. Umarmen Sie symbolisch das Kind, Ihre Angst, und es wird langsam ruhiger werden. Sie als Erwachsene

wissen, was zu tun ist, damit sich das Kind beruhigen kann.
Alles was Sie nun brauchen, ist die bedingungslose Liebe zu Ihrem Tier, die nicht aufhört, auch wenn Sie es jetzt innerlich gehen lassen.
Vielleicht, wenn Ihr Tier das möchte, setzen Sie sich zu ihm und versichern Sie es Ihrer Liebe. Sprechen Sie leise mit ihm oder seien Sie einfach still und senden ihm liebevolle Gedanken. Machen Sie es Ihrem Tier und sich selbst nun so angenehm wie möglich. Sie wissen am Besten, was Ihr Tier in den letzten Wochen immer noch gern gemocht hat: Vielleicht entspannt es sich immer bei einer bestimmten Musik? Mag es auf seiner Lieblingsdecke liegen? Falls es sich nicht mehr selbst bewegen kann, könnten Sie herausfinden, ob es lieber warm oder kühl liegen möchte. Versuchen Sie aber bitte, nicht zuviel des Guten zu tun: Wahrscheinlich ist alles so in Ordnung wie es ist für Ihr Tier und Sie können ihm einfach nur Ihre liebevolle Anwesenheit schenken.
Bitte fühlen Sie sich aber nicht verletzt, falls Ihr Tier sich einen für Sie unzugänglichen Winkel zum Sterben aussucht. Das bedeutet nicht, dass es Ihre ruhige Anwesenheit in genügendem Abstand nicht schätzt, sondern es folgt einfach seinen Instinkten, die bereits seine wildlebenden Vorfahren dazu brachten, sich zum Sterben vor den Anderen zurückzuziehen. Bitte greifen Sie in einem solchen Fall nur dann vorsichtig ein, wenn sich Ihr Tier aufgrund etwaiger Bewegungsunfähigkeit in eine ausweglose bedrohliche Lage manövriert hat, die ihm kein ruhiges Sterben ermöglichen kann.

Um die ungewohnten und Sie vielleicht sehr aufwühlenden Erscheinungen während des Sterbeprozesses Ihres Tieres besser auszuhalten, könnten Sie versuchen, die aufeinanderfolgenden Sterbephasen als Geburtswehen in ein neues Leben zu sehen. Vielleicht hilft es Ihnen, sich als Hebamme zu verstehen, die ruhig und liebevoll das natürliche Geschehen begleitet und nur dann eingreift, wenn die starken Energien ins Stocken geraten. Wenn Sie Ihr Tier auf diese Weise betrachten, können Sie wahrscheinlich eine tiefe Konzentration bei ihm beobachten und ein Hingegeben-Sein an die Kräfte, die es auf seinem Weg vorantreiben.
Ich möchte das natürliche Sterben allerdings auf keinen Fall romantisieren und verklären. Es ist und bleibt, neben aller Spiritualität, die ihm innewohnt, ein ganz handfestes -von außen manchmal grausam erscheinendes- körperliches Geschehen. Und genauso, wie es manchmal Geburten gibt, die an einen Punkt gelangen, wo nur noch ein Arzt helfen kann, ist es beim Sterben auch. Machen Sie sich also bitte keine Vorwürfe, falls Sie doch noch die Hilfe des Tierarztes benötigen, damit Ihr Freund seine letzte Reise schafft. Manchmal ist das eben so und es soll ja am Ende nicht darum gehen, an unseren Vorsätzen festzuhalten, sondern unserem Tier ein erträgliches Sterben zu ermöglichen.

Wenn unser Liebling seinen letzten Atemzug getan hat, reagieren wir Menschen sehr unterschiedlich. Wie wir mit der Endgültigkeit dieses Ereignisses umgehen, hängt einerseits von unserer Persönlichkeit

und andererseits von unseren Erfahrungen mit Tod und Sterben ab. Auch hier möchte ich nicht moralisierend von Richtig oder Falsch sprechen. Menschen tun einfach nur das, wozu sie in diesem Augenblick in der Lage sind.
Manche räumen so schnell wie möglich alle Spielsachen, Decken und das Futter weg, weil sie meinen, nur so den Schmerz über ihren Verlust bewältigen zu können. Das kann natürlich ein Weg sein, damit umzugehen, aber oft hat dieses Verhalten auch etwas mit Flucht vor der Trauer zu tun, die man nicht an sich heranlassen will. Hier spielen häufig nicht abgeschlossene vergangene Verlusterfahrungen eine Rolle und die Betroffenen spüren genau, dass die Trauer um ihr Tier diese Wunden wieder aufreißen würde. Das ist nachvollziehbar und nicht zu bewerten.
Allerdings wird das Leben uns immer wieder an unseren wunden Punkt führen, bis wir den Mut aufbringen, uns den intensiven Emotionen unseres ursprünglichen Verlusterlebnisses zu stellen. Selbst wenn wir nach dem Tod unseres Freundes nie wieder einem anderen Tier unser Haus und unser Herz öffnen, weil die Angst zu groß ist, werden wir nicht um eine Aufarbeitung unserer Verletzungen herumkommen.
Hier können wir sehr deutlich erkennen, welchen letzten Liebesdienst uns unsere Tiere durch ihr Sterben erweisen. Ihr Tod ist nicht nur ein unvermeidliches schreckliches Ereignis. Er ist vor allem eine Chance für uns, zu reifen und auf dem Weg, ganz wir selbst zu werden, ein gutes Stück voranzukommen.

Wahrscheinlich möchten Sie sich nach dem Tod Ihres geliebten Freundes durch persönliche Rituale ganz in Ruhe von ihm verabschieden. Wenn Ihr Tier zu Hause gestorben ist, gibt es dafür keinerlei Beschränkungen. Rituale können uns helfen, mit Umbrüchen im Leben besser zurechtzukommen. Dazu gehört auch der Tod eines Tieres.
Allein Sie bestimmen, welche Rituale für Sie stimmig sind und wie Sie Ihren Gefühlen am besten durch sie Ausdruck verleihen können. Sie könnten vielleicht eine Kerze anzünden, leise Musik spielen oder bewusst die Stille auf sich wirken lassen, beten oder auch Ihr Tier ein letztes Mal sanft bürsten und vielleicht - wie ich das getan habe - ein Haarbüschel als Erinnerung aufbewahren. Dafür müssen Sie sich nicht schämen, denn solche Dinge helfen uns zu verstehen und die Trauerzeit aktiv zu durchleben, statt sie passiv zu erleiden. Ob andere Menschen das unangemessen finden, was wir nach dem Tod unseres Tieres tun, sollte uns dabei gleichgültig sein. Es geht nur um unsere Bedürfnisse in diesen Momenten.

Vielleicht möchten Sie Ihr Tier noch eine Weile so friedlich liegen lassen, was ich persönlich nach dem Tod meiner Katze als sehr schön empfunden habe.Wer noch nie einen toten Körper gesehen hat, tut sich vielleicht damit zunächst etwas schwer, doch ich möchte Sie sehr dazu ermutigen, die feierliche, ruhige Atmosphäre auf sich wirken zu lassen. Sie werden den richtigen Zeitpunkt finden, wann Sie den Körper Ihres Lieblings dann in Frieden loslassen können. Die Zeit davor gehört Ihnen ganz allein.

Manche Autoren gehen davon aus, dass der Sterbeprozess nach dem Aufhören des Herzschlags noch nicht abgeschlossen ist, sondern dass feinstoffliche Veränderungen noch einige Zeit danach stattfinden. Auch in alten Weisheitslehren gibt es diese Auffassung, die mir plausibel erscheint, obwohl meine persönliche Erfahrung mit dem Sterben meiner Katze mir den Eindruck vermittelt hat, Daisy's Seele sei sofort mit ihrem letzten Atemzug fortgegangen. Allerdings konnte ich noch ungefähr eine Stunde lang so etwas wie eine Präsenz im Raum wahrnehmen, die langsam immer schwächer wurde. Genau diese Präsenz spürte ich dann später wieder, als ihr Körper bereits seinen letzten Weg angetreten hatte.

Trauern um unser Tier

Wenn ein geliebtes Tier gestorben ist, beginnt für den zurückbleibenden Menschen ein neuer Lebensabschnitt. Wir leben nun gleichzeitig in zwei verschiedenen Zeiten - in der Vergangenheit mit unserem Tier und in der Gegenwart ohne es. Die ersten Tage kommt uns vielleicht alles noch unwirklich vor. Es war doch erst gestern, als wir das warme, weiche Fell unseres Lieblings gestreichelt haben. Die Wohnung ist plötzlich so still und leer. Alles erinnert uns an unser Tier: die verlassenen Kissen, sein Futternapf, sein Spielzeug... Es fällt uns schwer, zu verstehen, dass unser geliebter Gefährte nie wieder zurückkommt.

Auch wenn Sie in der ersten Zeit untröstlich sind und das Fehlen Ihres Tieres seelisch und körperlich schmerzt: Wenn Sie es nun behutsam in Liebe loslassen, werden Sie spüren, dass etwas sehr Schönes sich unter die Trauer und die Tränen mischt - Dankbarkeit. Es ist so unendlich viel, was dieses geliebte Wesen Ihnen gegeben hat und Einiges davon wird Ihnen jetzt erst bewusst werden.

Wenn Sie das verständliche Bedürfnis haben, mit jemandem über den Tod Ihres Tieres und Ihre Trauer zu sprechen, ist es günstig, diese Gesprächspartner sorgfältig auszuwählen. Nicht jeder, der Ihr Tier kannte und es niedlich fand, wird Ihre Gefühle verstehen, und Sie könnten sich nach einer unsensiblen Bemerkung eher noch trauriger und verwirrter fühlen als vorher. Es ist leider so, dass die meisten Menschen kein Verständnis dafür haben, wenn man um ein Tier wie um einen Menschen trauert. Auch in Internetforen, in denen sich Tierfreunde treffen, herrscht manchmal - bedingt durch die Anonymität - ein recht harscher Umgangston, der empfindsamere Gemüter verschrecken kann.

Sollten Sie gar keinen vertrauten Menschen haben, mit dem Sie Ihre Gedanken und Gefühle teilen können, hilft es Ihnen vielleicht, diese aufzuschreiben. Sie könnten zum Beispiel Briefe an Ihr verstorbenes Tier schreiben, in denen Sie ihm all das sagen, was noch in Ihnen nach Ausdruck verlangt. Oder Sie beginnen ein Trauertagebuch, das Sie solange führen, wie Sie es brauchen. So können Sie auch beim Wiederlesen nach einiger Zeit erkennen, wie sich Ihre

Trauer langsam verwandelt. Schreiben kann therapeutisch wirken und Sie benötigen dafür kein Schreibtalent, sondern nur etwas Mut, sich Ihre tiefsten Gefühle, positive und negative, darunter wahrscheinlich auch Schuldgefühle, einzugestehen. Sie werden merken, dass die Angst davor mit jedem Satz, den Sie schreiben, kleiner wird.
Sie können durch das Schreiben ein neues Einverständnis mit sich selbst und eine große innere Stärke gewinnen. Die Beziehung zu Ihrem Tier kann sich dadurch weiterentwickeln und wird auf einer neuen Ebene fortgesetzt, denn der Tod ist auch ein Anfang, nicht nur ein Schlusspunkt.

Ich bin davon überzeugt, dass es auch beim Sterben letztlich um Geborenwerden in eine neue Existenzform geht, auch wenn es wohl niemand je wird beweisen können. Hier sind wir allein auf unseren Glauben angewiesen. Für mich sind Tiere beseelte Wesen wie wir Menschen auch. Ob sie allerdings nur so etwas wie eine Gruppenseele haben, kann ich nicht beantworten. Es gibt ja Autoren, die Tieren generell keine Individualseele zuerkennen, doch zumindest für die sogenannten höherentwickelten Tiere kann ich mir etwas anderes beim besten Willen nicht vorstellen. Wo wir soviel sichtbar gelebte Individualität, gerade im Zusammenleben mit mehreren, ganz verschiedenen Haustieren derselben Art, beobachten können, erscheint mir die Annahme einer Gruppenseele nicht plausibel. Ich finde den Begriff Persönlichkeit hier durchaus angebracht, auch wenn die

meisten Psychologen und Philosophen widersprechen würden.
Allerdings sind viele Menschen, auch Christen, heute immer noch nicht bereit, Tieren überhaupt eine Seele zuzusprechen, weil eine solche Annahme u.a. natürlich auch ganz konkrete Auswirkungen auf unseren täglichen Umgang mit ihnen zur Folge hätte.
Doch auch in Bezug auf uns Menschen ist eine solche - in welcher Form auch immer existierende - Seele ausschließlich Glaubenssache. Da der Begriff "Seele" ein uraltes Streitthema der Wissenschaft, das sogenannte Leib-Seele-Problem, berührt, wird es wohl nie möglich sein, ihre Existenz zu beweisen oder zu widerlegen, ja noch nicht einmal den Begriff selbst sauber zu definieren.
Gerade deshalb, weil ein Beweis für oder gegen die Existenz der Seele wohl nie erbracht werden kann, halte ich es für sinnvoll, von ihrem Vorhandensein auszugehen. Alle Menschen können dabei nur gewinnen, denke ich, denn unser Leben wird dann kostbarer und verantwortungsvoller.
Wir werden uns alle überraschen lassen müssen, was nach dem Tod kommt. Es gibt zwar mehr oder weniger glaubhafte Berichte von Nahtoderfahrungen und Schilderungen von Tierbesitzern, die versichern, ihr Tier wäre ihnen wiederbegegnet - was dann wohl sogar für Wiedergeburt sprechen würde -, aber auch hier bewegen wir uns weiter im Bereich des Glaubens. Für die Menschen, die es erlebt haben, ist es allerdings Gewissheit. Wir als Hörende dieser Schilderungen können aber erst dann vom Glauben zum Wissen übergehen, wenn uns selbst so eine Erfah-

rung widerfährt. Doch auch dann können wir noch so überzeugend versichern, dass wir uns das nicht eingebildet haben - andere werden unseren Schilderungen nur glauben können oder nicht. Ich selbst habe auch schon einmal so eine unglaubliche Erfahrung machen dürfen und habe seither Mühe, im alltäglichen, oft so gnadenlos wunderfeindlichen Leben, dieses Erlebnis in mir zu bewahren und nicht für ein Hirngespinst zu halten.

Durch meine psychologische Ausbildung bin ich auf der einen Seite der wissenschaftlichen Objektivität verpflichtet, versuche aber gleichzeitig, die Welt auf der anderen Seite des Vorhangs nicht auszublenden, an der es für mich persönlich keinen Zweifel gibt.

Ich kann Ihnen nur Mut machen, über das, was Sie sehen, hinauszugehen. Selbst wenn sich Einiges am Ende als Illusion herausstellen sollte, haben Sie nichts verloren, außer dieser Illusion, die Ihnen zu Lebzeiten viele Male geholfen hat, nicht zu verzweifeln.

Aber selbstverständlich kann ein Mensch auch ein sinnvolles Leben führen, wenn er an kein Leben nach dem Tod glaubt. Ich kenne einige dieser liebenswürdigen Menschen, könnte mir aber für mich dieses Leben nicht vorstellen.

Wenn wir unsere geliebten Tiere loslassen müssen, möchten viele von uns wissen, wo sie nach ihrem Tod sind. Ich kann Ihnen nur meine Überzeugung vermitteln, dass sie dort, wo sie hingehen, bereits erwartet werden und wir sie eines Tages wiedersehen.

Mehr kann ich für mich persönlich bisher nicht annehmen, lasse mich aber gern überraschen.

Einige Menschen berichten darüber, dass ihnen ihr Tier in seiner eigenen Gestalt oder der eines anderen Tieres wiederbegegnet sei, was diese trauernden Tierbesitzer sehr getröstet hat. Ich kann nicht beurteilen, ob alle diese Berichte für Wiedergeburt sprechen oder ob hier nicht manchmal der Ausnahmezustand nach dem Verlust des oftmals engsten Vertrauten zu der tröstlichen Vorstellung führt, das geliebte Tier sei zurückgekehrt. Ich wünsche diesen Menschen sehr, dass es so ist. Es wäre auch für mich das schönste Geschenk, wenn meine Katze noch einmal gesund und munter in Gestalt eines anderen Tieres zu mir zurückkäme. Auf der anderen Seite empfinde ich diesen Wunsch als egoistisch und ein wenig so, als wäre ich nicht einverstanden mit dem Willen jener Macht, die Daisy ihr Leben schenkte und ihre Lebensspanne vorgab.

Dazu kommt, dass diese Berichte über Wiedergeburtserfahrungen -so persönlich wahr sie auch sein mögen- nicht alle Tierbesitzer trösten, sondern im Gegenteil einige von ihnen durchaus in Verzweiflung stürzen können, weil sie ihr Tier nicht wiedersehen. Diese Menschen machen sich dann Vorwürfe und fühlen sich schuldig, zweifeln an ihrer Liebe, weil ihr verstorbenes Tier ihnen nicht wiederbegegnet. Gerade einsame Menschen, für die ihr Tier ihr Lebenspartner war, können sich durch solche Berichte sehr unter Druck gesetzt fühlen, auch so eine Wiederbegegnung erleben zu müssen, um sich ihrer Liebe zu ihrem Tier zu vergewissern.

Falls Sie also Bücher lesen, die solche Erfahrungen verallgemeinern und zur Norm erheben wollen, lassen Sie sich bitte nicht davon verunsichern. Vertrauen Sie stattdessen Ihrem Tier, dass es Sie - wann und wie auch immer - wissen lassen wird, wie es ihm geht und wo es ist. Warten Sie nicht angespannt auf eine Nachricht von ihm, sondern bleiben Sie offen und zuversichtlich.

Sie brauchen keine Angst davor zu haben, Ihr Tier irgendwann zu vergessen - das wird nicht passieren. Es reicht aus, dass wir uns in ruhiger, meditativer Atmosphäre Bilder unseres verstorbenen Gefährten anschauen, um sofort wieder sein Wesen präsent vor uns zu sehen. Es kann uns dann so vorkommen, als wäre die Zeit stehengeblieben und wir erahnen möglicherweise etwas von dem Geheimnis, das sich hinter unserem Zeitempfinden verbirgt.
Meine Überzeugung ist, dass unsere verstorbenen Freunde nicht tot sind. Sie leben ein neues Leben und ich glaube, in besonders kostbaren Momenten bemerken wir sie sogar. Natürlich kann hier auch immer Wunschdenken im Spiel sein und vielleicht habe ich mir die Anwesenheit meiner Katze das ein oder andere Mal nur eingebildet, aber ich bin davon überzeugt, dass unsere Tiere uns gerade in der ersten Zeit nach ihrem Tod manchmal noch besuchen. Warum sie das tun, weiß ich nicht. Ist es Liebe? Wollten sie noch nicht gehen? Oder kann sich ihre Seele einfach noch nicht lösen, weil wir sie nicht loslassen?
Ich kann nur für mich sprechen und sagen, dass ich meine Katze keine Sekunde innerlich festgehalten

habe, als sie starb. Ich war zwar unendlich traurig, sie nun gehen lassen zu müssen, aber gleichzeitig war ich zutiefst einverstanden damit, denn die Zeit war reif, ihr Körper konnte nicht mehr leben. Ich war stolz auf meine Daisy, wie tapfer und unbeirrt sie ihrem Licht folgte. Niemals hätte ich diesen Fluss, in dem sie so selbstverständlich schwamm, aufhalten wollen. Nicht eine Sekunde habe ich gedacht "Bleib bei mir": Es war alles gut so, wie es war. Natürlich hatte ich Angst vor der Leere, die mich ohne sie erwartete, aber das war meine Aufgabe, damit umgehen zu lernen. Ich konnte Daisy im Sterben nur noch liebevoll begleiten, alles andere wäre egoistisch gewesen.
Ich erwähne das deshalb, weil sie mir -wie ich glaube- seither ab und zu ihren Besuch abstattet. Dann geschehen lustige, berührende Dinge, die früher immer nur mit ihr zu tun hatten oder ich spüre ihre Anwesenheit durch eine warme, sanfte Präsenz, die plötzlich im Raum ist oder an meinem Bein entlangstreift. Wie gesagt, das kann natürlich alles Einbildung sein - aber eben vielleicht auch nicht. Wer kann das wissen? Vielleicht wollte sie ja noch nicht gehen, aber ihr Körper ließ ihr keine Wahl? Mit offenen Fragen leben zu lernen, ist wohl unser Schicksal als Menschen.

Es ist durchaus normal, wenn wir um ein Tier ähnlich tief trauern wie um einen geliebten Menschen. Schließlich hatten wir eine starke emotionale und körperliche Bindung an unser Tier. Es war ein geliebtes Familienmitglied, ein enger Freund, dem wir uns oft anvertraut haben. Für einige Menschen war ihr Tier wie ein Kind. Aber auch Familien mit Kindern berichten über eine große Traurigkeit, die sich über die Familie legte, als ihr Tier starb.

Da kein Trauerprozess dem anderen gleicht, sondern so individuell ist wie die Persönlichkeit jedes Menschen, kann es, meiner Meinung nach, auch keine Regeln dafür geben, wie lange die Trauer um ein Tier dauern darf. Auch die verschiedensten Phasenmodelle können da nur grobe Anhaltspunkte bieten. Dass die Psychologie leider immer mehr dazu tendiert, Trauer zu pathologisieren und in Richtung einer behandlungsbedürftigen Depression zu rücken, zeigt aus meiner Sicht die Unsicherheit im Umgang mit Grenzerfahrungen wie Trauer, aber auch ein gnadenloses Profitdenken: Eine Depression kann man schließlich kostenintensiv behandeln, während Trauer keine Krankheit ist.

Es kann allerdings manchmal passieren, dass Menschen aus der Trauer tatsächlich nicht herausfinden und diese wirklich in eine Depression übergeht. Das ist häufig dann der Fall, wenn sich belastende Lebensereignisse um den Tod eines Menschen oder in unserem Fall eines Haustieres herum häufen. Dann kann es der Seele einfach zu viel werden und sie steigt aus.

Sollten Sie den Eindruck haben, dass Sie auch Monate nach dem Tod Ihres Tieres an gar nichts mehr Freude haben können, selbst wenn Sie es wirklich wollen, dass Ihnen immer mehr egal wird, Sie vielleicht sogar mit dem Gedanken spielen, sich das Leben zu nehmen, dann suchen Sie bitte einen Arzt auf, denn wahrscheinlich ist Ihre Seele sehr krank und braucht Hilfe.

Dagegen ist es völlig normal, wenn Sie auch nach Jahren wieder weinen müssen, weil gerade eine bestimmte Musik in Ihnen Erinnerungen weckt oder ein Geruch, ein Bild oder Ähnliches. Ich werde zum Beispiel immer dieses ganz bestimmte Septemberlicht mit Daisy's letzten Lebenstagen verbinden.

Sie trauern nun schon lange nicht mehr um Ihr Tier, sondern haben sein Weggehen akzeptiert und Ihren Frieden gemacht und doch – die Zeit heilt zwar alle Wunden, aber die Narben können manchmal trotzdem noch schmerzen und halten so die Erinnerung lebendig. Seien Sie froh darüber – Sie können immer noch lieben, das ist doch das Wichtigste!

Schuldgefühle

Während der Trauer um unser Tier kann es Phasen geben, in denen wir Schuldgefühle erleben. Das ist völlig normal und kein Grund, an uns und der Liebe zu unserem verstorbenen Gefährten zu zweifeln. Es ist dabei völlig gleichgültig, ob unser Tier zu Hause auf natürliche Weise gestorben ist, in einer Tierarztpraxis oder einen Unfall hatte - wir werden uns wahrscheinlich schuldig fühlen, der eine mehr, der andere weniger.

Wir fragen uns, ob wir etwas falsch gemacht haben, ob wir uns verantwortungsvoll genug verhalten haben unserem Tier und seinen Bedürfnissen gegenüber, besonders in seinen letzten Stunden. Unsere Gedanken drehen sich im Kreis um die Worte "Hätte ich doch nur...". Das Schlimmste daran ist das Gefühl, es vielleicht doch nicht genügend geliebt zu haben.

Gerade in der ersten Zeit nach dem Tod unseres Tieres können diese quälenden Gedanken häufiger auftreten. Es ist gut, darauf vorbereitet zu sein und zu wissen, dass dies ein vorübergehender Zustand ist.

Selbst wenn wir uns in einigen Punkten ehrlich eingestehen müssen, dass wir uns unserem Tier gegenüber unsensibel verhalten haben, steht die Stärke unseres Gefühls der Schuld meist in keinem Verhältnis zu unserem tatsächlichen Versäumnis.

Manche Menschen neigen allerdings besonders zu solchen Selbstvorwürfen. Wenn Sie sehr gewissenhaft oder perfektionistisch sind, könnten Sie stärker unter Schuldgefühlen leiden als andere Menschen.

Mir hat der Gedanke geholfen, dass ich mit meiner Katze über den Tod hinaus kommunizieren kann. Ich glaube, dass ein Gedanke letztlich Energie ist, die sich übertragen lässt. Ich habe Daisy schon einige Male nach ihrem Tod um Verzeihung gebeten. Auch wenn ich es damals wohl nicht sehen konnte, tun mir einige Dinge leid, die ich mit meinem heutigen Wissen anders machen würde.

Selbst wenn ich es mir vielleicht nur einbilde oder wünsche, kommt es mir manchmal so vor, als würde mein Kätzchen mir mit einem Blinzeln und einem ihrer markanten, kraftvollen Mauzer versichern, dass alles gut ist.

Ich bin mir sicher, unsere Tiere sehen uns viele unserer Gedankenlosigkeiten nach. Vielleicht betrachten sie uns geduldig als Schüler, die noch einiges zu lernen haben.
Eventuell gibt uns dann irgendwann ein anderes Tier die Chance, bei unseren Lernerfahrungen wieder anzuknüpfen und an ihm gut zu machen, was wir bei unserem verstorbenen Gefährten versäumt haben. Aber selbst dann werden wir Fehler machen und Schuldgefühle können deshalb immer wieder in unserem Leben auftreten. Ich bin allerdings der Meinung, dass sie auch in gewissem Maße zu einem verantwortungsbewussten Leben dazugehören und eher ein Zeichen von Reife sind.

Wie spricht man mit Kindern über den Tod?

Für Kinder ist das Sterben ihres Haustiers oft der allererste Kontakt mit dem Tod in ihrem Leben. Deshalb liegt hier eine große Chance verborgen, die Sie nutzen können, um die Weichen für Ihr Kind so zu stellen, dass es in seinem Leben angstfrei mit diesem immer noch tabubehafteten Thema umgehen kann.

Grundsätzlich ist es wichtig, dem Kind nichts vorzumachen und ihm zu versichern, dass es keine falschen Gefühle und Gedanken gibt. Es ist zum Beispiel völlig normal, dass man, obwohl man trauert, manchmal lachen muss. Kinder dürfen nicht das Gefühl bekommen, sie müssten jetzt nur noch ernst sein.

Auch wäre es gut, wenn Sie Ihr Kind an allen Handlungen, die nach dem Tod des Tieres nötig sind, teilhaben lassen, allerdings nur, wenn es das selbst will. Ich finde es zum Beispiel ungünstig, wenn man, um dem Kind Trauer zu ersparen, in seiner Abwesenheit einfach den toten Körper des Haustieres verschwinden lässt, es sei denn, das Tier ist durch einen Unfall sehr entstellt worden.

Bitte vermeiden Sie es, kleinen Kindern den Tod ihres Tieres mit den Worten "Es schläft jetzt..." zu erklären, da manche Kinder dadurch Schlafstörungen, speziell Ängste vor dem Einschlafen, entwickeln können. Auch wenn wir Erwachsenen manchmal von Verstorbenen als "Entschlafenen" sprechen, was im kirchlichen Sprachgebrauch üblich ist, oder vom "ewigen Schlaf" - kleine Kinder nehmen Begriffe noch wörtlich und wissen noch nichts über Redewendungen.

Sollte Ihr Kind allerdings von selbst angesichts des toten Haustieres fragen, ob es nur schläft, ist Ihre ganze sprachliche Überlegenheit und Einfühlsamkeit gefragt, um eine gute Alternative zum einfachen Bejahen seiner Frage zu finden. Möglich wäre es, zunächst die Beobachtung des Kindes aufzugreifen und zu bestätigen, dass man das ja durchaus denken könne, wenn das Tier so still daliegt. Danach könnten Sie erklären, dass man, wenn man schläft, ja wieder aufwacht und auch geweckt werden kann und dass das Tier also nicht schläft.

Nun wird das Kind vielleicht versuchen, das Tier aufzuwecken und merken, dass es sich nicht rührt oder auch, dass es ganz kalt ist. Von da an wird sich eine individuell verschiedene Eigendynamik an Fragen und Antworten zwischen Ihnen und Ihrem Kind einstellen, so dass ich Ihnen nur raten kann, sich auf Ihre Intuition und die Liebe zu Ihrer Tochter oder Ihrem Sohn zu verlassen. Dann werden Sie sicher für das Kind befriedigende Antworten geben können.

Wenn wir in altersgemäßer Sprache einfühlsam mit unseren Kindern sprechen, können sie meist verblüffend gut mit dem Thema Tod umgehen. Sie werden wahrscheinlich Fragen stellen, die Sie in ihrer Direktheit überraschen könnten. Wenn Sie darauf keine Antwort wissen, gehen Sie bitte nicht aus Unsicherheit mit Floskeln darüber hinweg. Fragen Sie Ihr Kind stattdessen, was es selbst denn darüber denkt. Sie werden vermutlich staunen, welche tiefsinnigen Gedanken Ihr Kind mit seiner begrenzten Sprache ausdrückt.

Falls Sie selbst nicht an eine Existenz nach dem Tod glauben, Ihr Kind aber solche Vorstellungen äußert, könnten Sie ihm einfach signalisieren, dass sie an seinen Ansichten ehrlich interessiert sind, ohne auf Ihre Zweifel einzugehen oder Ihr Kind zu belehren.

Wenn das Kind allerdings schon älter ist, sich gut sprachlich ausdrücken kann und von selbst Zweifel an Gott erwähnt und Ihre Meinung wissen will, können Sie natürlich darüber mit ihm diskutieren, so dass es sich wertgeschätzt und in seiner Intelligenz ernstgenommen fühlt.

Durch Ihre Bereitschaft, ehrlich und offen mit Ihrem Kind zu sprechen und sich auf seine Gedankenwelt einzulassen, lernt es, dass der Tod etwas ist, worüber man ganz selbstverständlich reden und nachdenken darf. So entwickeln Kinder keine diffusen Ängste vor diesem natürlichen Lebensereignis.

Schnell ein neues Tier?

Für einige Menschen ist es wichtig, nach dem Tod ihres Gefährten möglichst schnell ein neues Tier in ihr Zuhause aufzunehmen. Dahinter verbirgt sich oft die Angst vor der Einsamkeit, die sich ohne das vertraute Lebewesen einstellen kann. Diese Angst ist sehr verständlich und deshalb ist es wichtig, sich nicht aus den falschen Gründen für ein neues Tier zu entscheiden. Kein Tier sollte als Ersatz für die notwendige Beschäftigung mit unseren Lebensproblemen dienen müssen.

Wie wichtig und bereichernd das intensive Erleben der Zeit vor und nach dem Tod unseres Tieres für uns selbst ist, habe ich bereits beschrieben. Darüber hinaus ist diese Zeit die beste Vorbereitung darauf, einem neuen Gefährten, dem wir unser Herz schenken wollen, wirklich von Anfang an gerecht zu werden. Nur so können wir es vermeiden, das neue Tier ständig an unserem verstorbenen Freund zu messen und damit seine einzigartige Persönlichkeit zu missachten. Jedes Tier sollte das Recht haben, in ein Zuhause einzuziehen, wo Menschen leben, die es so akzeptieren, wie es ist. Es ist deshalb nicht gut, den verstorbenen Liebling mit all seinen wunderbaren Eigenschaften auf ein Podest zu stellen, zu dem das neue Tier aufschauen muss.

Wenn wir uns die Zeit geben, die wir brauchen, um innerlich frei und bereit für ein anderes Tier zu sein, werden wir den richtigen Zeitpunkt dafür finden.

Gerade Kinder sind hier oft entscheidend, weil sie sehr genau spüren, dass ihr verlorener Gefährte nicht einfach austauschbar ist und vehement darauf bestehen, dass nie wieder ein Tier so sein wird wie ihr geliebter Freund. Das ist kein unreifes Kindergerede, sondern zeugt von tiefem, intuitivem Verständnis und Liebeskraft.

Natürlich ist es etwas anderes, wenn beispielsweise jemand eine Pflegestelle für alte und sterbende Tiere betreut. Dort werden selbstverständlich schnell neue Tiere aufgenommen, weil die Priorität hier auf der Notfallhilfe liegt.

Auch Tiere können trauern

Nicht zuletzt sollten wir daran denken, dass auch Tiere nach dem Verlust eines Kameraden Anzeichen von Trauer zeigen können (aber nicht müssen, was uns nicht entsetzen sollte).

Vielleicht hat das Tier keinen Appetit, kein Interesse am Spiel mehr oder zeigt andere Verhaltensauffälligkeiten, wie zum Beispiel Aggression oder Stereotypien. Bei solchen Symptomen sollten wir ihm - neben der Abklärung durch einen Tierarzt - Zeit geben, sich an die neue Situation zu gewöhnen und mit dem

Einzug eines neuen Familienmitglieds geduldig abwarten. Auch für Tiere ist ein verlorener Kamerad nicht einfach so zu ersetzen und es gibt unter ihnen gelegentlich welche, die leider weder die Zeit noch ein neuer Spielgefährte trösten kann. Hier können Sie dann nur alle Möglichkeiten der alternativen Medizin ausschöpfen, die bei seelischen Verletzungen oft doch noch ein kleines Wunder bewirken kann.

In manchen Fällen allerdings, wo das allein zurückbleibende Tier über mehrere Wochen untröstlich scheint, am Leben kaum noch teilnimmt und Sie sich nicht anders zu helfen wissen, könnte ein sorgfältig ausgewählter neuer Spielkamerad eine gute Wahl sein, auch wenn Sie selbst noch nicht ganz bereit für einen Neuanfang sein sollten. Hier gilt es dann, dem Tier zuliebe über Ihren Schatten zu springen und dem Glück etwas nachzuhelfen. Doch sollte in diesem Fall Ihre Trauer sich schon soweit verändert haben, dass eine bloße Spiegelung Ihrer eigenen Emotionen durch Ihr Tier ausgeschlossen werden kann. Denn auch so etwas gibt es durchaus, weil einige Tiere sensitiv sehr begabt sind und Ihre Stimmungen aufgreifen.

Wenn wir den Schritt wagen, sollten wir darauf eingestellt sein, dass unser Tier den Neuankömmling vielleicht nicht mag. Bei Katzen etwa ist so etwas nicht ungewöhnlich und es kann mehrere geduldige Anläufe benötigen, bis sich die Richtigen gefunden haben.

Sollte es für Sie das erste Mal sein, dass Sie vor der Aufgabe stehen, zwei sich vorher unbekannte Tiere miteinander bekanntzumachen, wäre es hilfreich, wenn Sie sich gut durch entsprechende Literatur vorher über den optimalen Verlauf der ersten Begegnung informieren oder sich durch einen Tierspezialisten beraten lassen. Speziell beim Zusammenführen von Katzen kann durch falsche Ratschläge, mangelndes Wissen über normale Reaktionen oder zuviel Spontaneität viel schiefgehen, obwohl die Tiere mit der richtigen Handhabung der Situation eigentlich gut zusammengepasst hätten. So etwas ist immer wieder sehr schade, weil es oft vermeidbar wäre.

Wenn aber alles gut gegangen ist, werden Sie sich aus ganzem Herzen über einen gelungenen Neuanfang freuen dürfen. Ihr trauerndes Tier wird Ihnen nach und nach wieder lebendiger und lebensfroher erscheinen. Und auch für Sie beginnt ein neuer, hoffnungsvoller Lebensabschnitt, wenn das frischgebackene Familienmitglied jeden Tag mehr Platz in Ihrem Herzen erobert, ohne dabei die Liebe zu Ihrem verstorbenen Gefährten zu überdecken. Haben Sie bitte keine Angst davor, dass Sie Ihr Tier jemals vergessen oder es durch den neuen Gefährten verraten könnten.

Ein weites Herz hat Raum für mehrere Lieben in einem einzigen Leben. Ihr verstorbenes Tier nimmt dort seinen ganz eigenen Platz ein solange Sie leben und jedes nachfolgende ebenso. Sie existieren weiter in Ihnen durch Ihre liebevolle Erinnerung – bis Sie sich irgendwann wiedersehen.

Tierliebe

Denke ich über den Begriff Tierliebe nach, fällt mir auf, dass Menschen darunter ganz verschiedene Dinge verstehen. Auch lieben wir nicht alle Tiere gleichermaßen. Es ist zum Beispiel eher selten, dass jemand eine enge Verbindung zu einem Regenwurm hat, während die meisten Menschen die Liebe zu einem Hund gut nachvollziehen können. Menschen lieben auch nicht unbedingt alle Tiere der gleichen Art. Die eine Katze findet man liebenswert, die andere mögen wir nicht so sehr, weil uns ihr Charakter vielleicht auf eigene ungeliebte Persönlichkeitszüge aufmerksam macht. Manche Menschen "lieben" nur ihr eigenes Tier abgöttisch, während sie für die Tiere anderer Leute kaum etwas empfinden. Wieder andere sammeln einfach nur Tierpostkarten und gehen gern in den Zoo. Tiere, die mit uns zusammen leben, lieben wir meist mehr als die sogenannten Nutztiere. Die Aussage „Ich liebe Tiere" ist also gar nicht so eindeutig zu verstehen, wie es zunächst scheint.

Ich möchte hier aus meiner persönlichen Sicht beschreiben, was für mich Tierliebe bedeutet und was nicht. Mein Verständnis von der Liebe zu Tieren mag sehr idealistisch sein und ich will betonen, dass ich niemanden verurteilen oder kränken möchte, der diesbezüglich anderer Meinung ist. Ich bitte Sie daher um Verständnis, falls meine Ausführungen an manchen Stellen zu moralisierend wirken sollten. Da das Thema Tierliebe allerdings auch viel mit Ethik und Moral zu tun hat und mir sehr wichtig ist, werde ich das nicht gänzlich vermeiden können.

Mit den folgenden Gedanken möchte ich sowohl Verständnis für Menschen wecken, die eine sehr enge Beziehung zu einem Tier haben, meine Kritik an manchen Aspekten unseres Umgangs mit Tieren ausdrücken als auch zum Nachdenken über Alternativen dazu anregen.

Was ist Tierliebe (nicht)?

Liebe allgemein zeichnet sich dadurch aus, dass sie das Beste für das geliebte Gegenüber will. Dabei weiß der Liebende, dass dieses Beste etwas völlig anderes sein kann als er es für sich selber wünschen würde. Liebe ist deshalb ohne Freiheit nicht möglich. Ohne die Bereitschaft, das geliebte Wesen sein eigenes Leben leben zu lassen, handelt es sich nicht um reife Liebe, sondern um Festklammern aus Angst vor den eigenen Gefühlen. Selbst Mutterliebe, die am Anfang notwendigerweise fast vollständig aus einer Symbiose zwischen Mutter und Säugling besteht, gelangt erst dann zur vollen Reife, wenn sie später loslässt.

Was hat das nun mit Tierliebe zu tun? Liebe ist nach meinem Verständnis ein Phänomen, welches sich nicht auf Beziehungen zwischen Menschen beschränkt. Ich gehe davon aus, dass Menschen prinzi-

piell die Fähigkeit besitzen, ein Tier genauso tief zu lieben wie einen anderen Menschen.
Ob Tiere in gleichem Maße liebesfähig sind wie wir, kann ich natürlich nicht beurteilen, würde es aber nicht ausschließen wollen. Möglich wäre es, dass Liebesfähigkeit eine individuelle Begabung ist, die sowohl zwischen Menschen als auch Tieren variiert. Einzelne Tierindividuen oder Tierarten sind dafür vielleicht eher prädestiniert als andere. Hier kann ich nur von dem ausgehen, was Menschen über ihre Beziehung zu einem Tier berichten und von meiner eigenen Erfahrung. Alles weitere bleibt Spekulation. In diesem Kapitel möchte ich mich daher hauptsächlich mit der menschlichen Fähigkeit, ein Tier zu lieben, beschäftigen.

Wahre Liebe hat mit Bedingungslosigkeit zu tun. Ein Liebender macht keine Rechnung auf nach dem Motto: Wenn Du mir das und das gibst, bekommst Du von mir dies und jenes. Oder: Nur wenn Du so bist oder das tust, liebe ich Dich. Tust Du aber jenes, kann ich Dich nicht lieben.
Liebe in ihrer reifen Form wertet nicht, sondern schließt selbst die Schwächen des geliebten Wesens mit ein, ohne sie dabei zu idealisieren.
Das typische Beispiel hierfür ist wohl die Mutter- bzw. Elternliebe. Ein geliebtes Kind darf auch schlechte Schulnoten nach Hause bringen, ohne die Liebe seiner Eltern zu riskieren, welche anderenfalls keine wäre, sondern nur eine sehr instabile Schönwetterstimmung. Ein Kind, welches geliebt wird,

darf, ohne Schuldgefühle zu bekommen, auch mal wütend oder launisch sein.

Hier finden wir bereits eine erste Parallele zur Tierliebe: Wenn wir unser Haustier wirklich lieben, sind wir zwar manchmal genervt von ein paar seiner Verhaltensweisen, die uns regelmäßig auf die Palme bringen. Doch spüren wir selbst in diesen ärgerlichen Situationen noch unsere Liebe zu ihm. Wie oft habe ich geflucht, wenn ich mehrmals am Tag die ganze Wohnung putzen musste, als meine Katze ihre Toilette nicht mehr benutzen konnte. Und doch hätte ich alles, wirklich alles für sie getan, damit es ihr gut geht.

Welche Mutter hat noch nie über ihr Kind an einem besonders stressigen Tag gedacht: Heute könnte ich Dich einfach nur ...!!! Und gleichzeitig weiß sie, dass sie für ihr Kind sterben würde, auch wenn die meisten Tierhalter dann wohl doch nicht so weit gehen würden.

Es erscheint völlig irrational, doch einem geliebten Tier müssen wir einfach seine Schwächen verzeihen, für die es ja nichts kann. Lieber nehmen wir viele Unannehmlichkeiten auf uns, als uns von ihm zu trennen. Während meiner Arbeit mit Katzenbesitzern konnte ich sehr oft die beeindruckende Erfahrung machen, dass Menschen nahezu übermenschliche Kräfte aufbieten, um ihr Tier nicht abgeben zu müssen.

Liebe zeigt sich darin, dass man nicht darauf aus ist, etwas zurückzubekommen. Das ist nur ein schöner Nebeneffekt. In erster Linie möchten wir, dass es unserem Tier gut bei uns geht, dass es glücklich und entspannt sein Leben genießt.

Zu Beginn haben wir alle mehr oder weniger bestimmte Vorstellungen vom Zusammenleben mit einem Tier bzw. einer bestimmten Tierart. Wir planen so einiges, bevor unser Tier dann endlich bei uns einzieht. Sobald es aber da ist, stellen wir fest, das vieles von dem, was wir uns ausgemalt haben, sich nun ganz anders entwickelt: Die Katze findet möglicherweise den sündhaft teuren, ausladenden Super-Kratzbaum überhaupt nicht spannend, sondern verdrückt sich lieber regelmäßig auf unseren edlen Mahagonischrank, dem das Ganze logischerweise nur mäßig gut bekommt. Auch wenn wir keine Ahnung haben, wie sie dort überhaupt hinaufkommt, müssen wir uns irgendwann eingestehen, dass es keinen Sinn hat, mit ihr darüber zu diskutieren und spenden den Kratzbaum dem Tierheim.

Von Tag zu Tag spüren wir immer deutlicher, wie uns dieses Tier gerade durch seine Eigenwilligkeit immer mehr ans Herz wächst und irgendwann müssen wir uns gestehen, dass wir es lieben. Es ist nicht mehr nur einfach etwas Neues, Aufregendes, Bereicherndes in unserem Leben - wir würden so ziemlich alles für dieses geliebte Wesen tun, das wird uns nun klar. Je nachdem, wie offen wir für die Liebe zwischen Mensch und Tier sind, kann uns unser starkes Gefühl entweder verunsichern oder glücklich machen.

Die Liebe zu einem Tier hat, wie schon kurz angedeutet, auffallende Ähnlichkeiten mit der Liebe zu einem kleinen Kind. Das liegt unter anderem daran, dass sowohl kleine Kinder als auch Haustiere von uns weitgehend abhängig sind. Sie wecken in uns ein Schutzbedürfnis und wir sorgen uns um ihr Wohlergehen.

Nun gibt es ja die Ansicht, wer für ein Tier die gleiche Liebe wie für einen Menschen empfinde, würde Tiere vermenschlichen. Es müsse ein qualitativer Unterschied gemacht werden zwischen diesen beiden Formen der Zuneigung. Oft hört man auch, es wäre keine artgerechte Tierhaltung, das Tier zu vermenschlichen. Was ist dran an solchen Befürchtungen?

Es kommt zunächst einmal darauf an, was wir unter "Vermenschlichung" verstehen. Im positiven Sinne geht es für mich dabei um die Zurückweisung des menschlichen Anspruchs, die Krone der Schöpfung zu sein. Vermenschlichen meint hier eher ein Gleichstellen von Mensch und Tier in Hinblick auf ihr Recht, ein Leben ohne zugefügte Qualen zu führen und ihre natürlichen Bedürfnisse so gut wie möglich befriedigen zu können. Diese Interpretation von "Vermenschlichung" steht also durchaus in Einklang mit artgerechter Tierhaltung.

Anders sieht es dagegen aus, wenn ein Haustier nur dazu dienen muss, die Bedürfnisse des Menschen zu befriedigen. Das kann in extremen Fällen bis zur sexuellen Perversion, der Sodomie, führen, wo die Würde des Tieres komplett mit Füßen getreten und seine Abhängigkeit und Arglosigkeit schamlos ausgenutzt wird.

Auch die Übertragung der eigenen Ideologie auf das Tier ohne Berücksichtigung seiner biologischen Natur ist negative Vermenschlichung: Es gibt beispielsweise Veganer, die ihre Katze aus Überzeugung ebenfalls vegan ernähren, was für einen reinen Fleischfresser wie die Katze schwerwiegende gesundheitliche Probleme mit sich bringt.
Glücklicherweise sind sich die meisten Veganer dieser Tatsache bewusst und übertragen ihre eigene ethische Entscheidung nicht auf ihr Tier. Hier zeigt sich in meinen Augen wahre Tierliebe, die nicht zuerst die eigenen Bedürfnisse im Blick hat und dafür über den eigenen Schatten springt. Dies ist in höchstem Maße respektabel, genauso wie die schmerzhafte Entscheidung, dann lieber auf eine Katze zu verzichten, wenn es jemandem einfach nicht möglich ist, Fleisch zu kaufen.

Über diese Extrembeispiele hinaus gibt es viele menschliche Verhaltensweisen Tieren gegenüber, die zwar als Vermenschlichung gelten könnten, aus meiner Sicht in den meisten Fällen allerdings völlig harmlos sind.
Dazu gehört für mich zum Beispiel, wenn Menschen ihre Sorgen und Freuden ihrem Tier erzählen und davon überzeugt sind, dass es sie versteht oder sogar antwortet. Wenn ein einsamer Mensch durch diese Art von Vermenschlichung seines Hundes, seiner Katze, des Meerschweinchens oder Vogels Trost und Lebensmut finden kann, dabei das Tier aber sonst seinen artgerechten und individuellen Bedürfnissen gemäß behandelt, schadet dieser vermeintliche Miss-

brauch des Tieres als "Gesprächspartner" diesem nicht.
Sollte es allerdings dazu kommen, dass der Hund beispielsweise jeden Nachmittag zur Kaffeezeit den Platz seines verstorbenen Herrchens am Tisch einnehmen muss und mit Kuchen gefüttert wird, würde dies eine negative Vermenschlichung darstellen, die für die Gesundheit des Tieres sehr nachteilig wäre.
Auch das viel belächelte Schmücken kleiner Hündchen mit den exquisitesten Accessoires und Kleidungsstückchen muss nicht zwingend eine negative Vermenschlichung darstellen. So einem Hund kann es durchaus gut gehen, falls er trotz dieses Ausstaffierens ein Hund sein darf und die edlen Teile auch mal so richtig dreckig werden dürfen. Ein riesiger Markt ist durch die Nachfrage nach solchen Accessoires entstanden und die zumeist wohlhabenden Tierbesitzer wollen ihren Reichtum gern auch über ihr Tier nach außen kommunizieren. Doch egal, ob man das nun grenzwertig findet, spenden diese privilegierten Menschen doch oft nicht unbeträchtliche Summen an Tierschutzorganisationen.
Wo solche Hunde allerdings nur als farblich abgestimmte Dekoration dienen und den ganzen Tag herumgetragen werden, ist ein artgerechtes Leben für diese Tiere nicht möglich, so dass wir es dann mit einer negativen Vermenschlichung und fehlgeleiteter Tierliebe zu tun hätten.

Ähnlich, wenn auch erst auf den zweiten Blick, ist es mit der Haltung sogenannter Kampfhunde. Wenn ein bestimmter Rassehund nur deshalb angeschafft wird, damit sein Halter durch dessen einschüchternde Erscheinung seine eigenen Unterlegenheitsgefühle überdecken kann, wird das Tier genauso instrumentalisiert wie der kleine Schoßhund im vorherigen Beispiel.

In beiden Fällen wird das Tier nicht um seiner selbst willen geliebt, sondern für die eigene Selbstdarstellung benutzt. Für den „Kampfhund", der oft speziell zum Angreifen abgerichtet wird, kann das sogar tödlich enden, wenn er, durch die ihm abverlangte Mischung aus Angst und Aggressivität, in eine Situation gerät, die nur noch durch die Tötung des Tieres beendet werden kann, um Schlimmeres zu verhindern.

Diese Tiere sind in jedem Fall Opfer, nicht Täter, denn die Verantwortung für ihr Fehlverhalten trägt der Mensch, sei es durch Unterlassung oder Vorsatz. Tiere unterscheiden nicht zwischen Gut und Böse, sie reagieren instinktiv, durch Prägung und Lernen.

Auch handelt es sich meiner Meinung nach nicht um Tierliebe, wenn man sich als Züchter nach einem Rassestandard richtet, der kranke Tiere hervorbringt. Es darf nicht sein, dass Hunde in ihrem kurzen Leben mehrere Operationen über sich ergehen lassen müssen, nur um normal atmen zu können, was zum Beispiel viele Hunde der Rasse Mops betrifft. Diese Tiere werden benutzt, damit Menschen einem zweifelhaften Schönheitsideal huldigen können.

Katzen ohne Schwanz, wie die Manx-Katze, können sich zwar mit ihrer Behinderung bewegen, wie das viele behinderte Tiere auf bewundernswürdige Weise lernen, doch sind sie in ihrem Sozialverhalten einge-

schränkt, da Katzen untereinander auch den Schwanz als Kommunikationsmittel einsetzen. So kann es zu unnötigen Missverständnissen kommen, die in Mehrkatzenhaushalten dazu führen können, dass ein Tier abgegeben werden muss.
Gleiches gilt für Katzen, die nach dem Rassestandard verkrüppelte Ohren haben müssen. Auch hier kommt es häufig zu Problemen mit anderen Katzen, da auch die Ohrhaltung für die Kommunikation sehr wichtig ist, von schmerzhaften und gefährlichen Ohrinfektionen ganz abgesehen, die bei diesen Katzen nicht selten sind.
Der Mensch sollte sich mehr zurückhalten und nicht jede Mutation aufgreifen, um daraus ein neues Geschöpf kreieren zu wollen. Zum Glück besinnen sich immer mehr Zuchtverbände auf ältere, gesündere Standards, denn auch die Käufer von Katzen und Hunden wollen ja eigentlich kein Tier, das leidet und ständig zum Tierarzt muss.

Das Tier als Kindersatz?

Der Inbegriff von fehlgeleiteter Tierliebe ist für viele Menschen die Liebe zu einem Tier als sogenannten Kindersatz. Insbesondere Frauen ohne Kinder stehen diesbezüglich im Verdacht, aus unbefriedigten Muttergefühlen heraus ein Tier zu verhätscheln und ihm damit zu schaden.

Hier haben wir es meiner Ansicht nach mit einem ganzen Komplex an Vorurteilen und Halbwahrheiten zu tun.
Beginnen möchte ich mit der Feststellung, dass es tatsächlich Menschen gibt, überwiegend Frauen, aber auch Männer, die aus einem frustrierten Nähebedürfnis oder einem Mangel an Gebrauchtwerden heraus ihre ganze brachliegende Fürsorglichkeit mit einem Tier ausleben. Darunter sind durchaus auch Frauen, die aus den unterschiedlichsten Gründen kein Kind haben. Soweit stimmt die landläufige Einschätzung.
Aber: Ist dies zwangsläufig unnatürlich und schlecht für das Tier? Ich behaupte, ganz klar Nein. Wieder einmal kommt es darauf an, wie gut sich ein Mensch über die Bedürfnisse der jeweiligen Tierart im Klaren ist.
Wie bereits erwähnt, ähneln sich Tiere und kleine Kinder in vielen ihrer Eigenschaften. Ich denke hier vor allem an ihre Abhängigkeit, ihre Verspieltheit, ihre Lebensfreude und ihr Leben im Hier und Jetzt. Dazu muss man noch nicht einmal das berühmte "Kindchen-Schema" als Erklärung zu Hilfe nehmen. Dieses besagt ja, dass wir Tiere umso liebenswerter finden, je mehr ihre Physiognomie Menschenbabies entspricht. Als häufigstes Beispiel dafür wird das Robbenbaby angeführt, dessen Gesicht mit den runden, glänzenden Augen und der unschuldigen, weichen Gesamterscheinung an einen menschlichen Säugling erinnere.
In Japan werden Robbenbaby-Roboter bereis in Altenheimen eingesetzt und es wird behauptet, die al-

ten Menschen würden durch den Kontakt zu so einem weichen, mit den Augen blinzelnden und Babylaute von sich gebenden Computer lebensfroher. Wenn gleichzeitig allerdings Haustiere in solch einem Heim verboten sind, halte ich dieses Angebot -so gut es auch funktionieren mag- für unmenschlich und verdummend.

Ich habe lange über die Erklärung von Tierliebe durch den Begriff des Kindchen-Schemas nachgedacht und bin zu dem Schluss gekommen, dass dieses Konstrukt eigentlich gar nichts erklärt.

Warum sonst finden manche Menschen Tiere nicht immer so unschuldig, niedlich und schutzbedürftig, sondern töten Lämmer, Kälbchen und Zicklein, damit sie sie essen oder aus ihrer Haut Leder machen können? Warum gibt es Menschen, die trotz angeblichen Kindchen-Schemas Robbenbabies erschlagen, während zu Hause ihr eigenes Baby friedlich schlummert und der Hund verhätschelt wird.

Hier stoßen wir, wie ich meine, bereits an Grenzen der Kindchen-Schema-Erklärung, zumindest scheinen nicht alle Menschen gleichermaßen darauf anzusprechen.

Eine weitere Frage hat sich mir in diesem Zusammenhang gestellt:

Vielleicht ist es ja auch umgekehrt und wir vergleichen unbewusst kleine Kinder mit niedlichen Tierbabies? Wenn man manchmal die süßen Babies in ihren Häschen-, Kätzchen- oder Bärchenanzügen mit Ohren sieht, könnte man schon auf diesen Gedanken kommen.

Auch Verliebte neigen dazu, dem geliebten Menschen Kosenamen wie "Bärchen", "Hase" usw. zu geben.
Es könnte also doch durchaus möglich sein, dass Tier- und Menschenbabys gleichermaßen so etwas wie einen zärtlichen Beschützerinstinkt in uns zu wecken vermögen, der sich mit der Sorge um das Wohlergehen des geliebten Wesens paart und uns emotional an es bindet.
So erscheint es ganz logisch, dass Menschen aufgrund ihrer psychophysischen Ausstattung und der Tatsache, dass wir auch Tiere sind, prinzipiell in der Lage sind, ein Tier wie ein kleines Kind zu lieben. Warum dies allerdings nicht alle Menschen können, werde ich später versuchen, zu beschreiben.

Die Etikettierung dieser Zuneigung zu einem Tier als "Kindersatz" hat leider meistens einen abwertenden Unterton. Oft urteilen da Menschen, die selbst noch nicht die Erfahrung so einer artübergreifenden Liebe machen durften. Außerdem finde ich das Wort selbst eine sehr unglückliche Wahl, weil kein Lebewesen ein anderes ersetzen kann. Ersetzen kann man nur unbeseelte Gegenstände.
Auch sind es bei weitem nicht nur einsame Frauen oder kinderlose Paare, die ein Tier wie ein Kind lieben. Die meisten Tiere leben in Familien mit Kindern und es gibt unter ihnen viele, die ihre Katze oder den Hund selbstverständlich als vollwertiges Familienmitglied behandeln und oftmals sogar explizit als weiteres Kind bezeichnen. Diese Familien lieben ihr Tier in seinem individuellen Wesen wie je-

des ihrer Kinder. Den Verlust ihres Tieres empfinden solche Familien, genau wie alleinstehende Menschen, oft als große seelische Belastung und selten wird sofort ein "Ersatz" für das Tier gesucht.

Dann gibt es allerdings Menschen, die es nicht ertragen können, allein zu leben, obwohl sie in der Lebensphase, in welcher sie sich gerade befinden, vielleicht genau dies lernen müssten.
Dazu gehören zum Beispiel Frauen, die ohne Partner leben, in schwierigen Partnerschaften ausharren oder deren Kinder das Haus verlassen haben. Um sich nicht mit ihren Ängsten vor einem neu zu gestaltenden Leben auseinandersetzen zu müssen, stürzen sie sich in eine besitzergreifende Beziehung zu einem Tier, welches dann ihrem Bedürfnis nach Nähe und oftmals auch Kontrolle ausgeliefert ist.
Das kann dann so aussehen, dass die Katze ständig geweckt wird, wenn der Mensch gerade Kuscheln will oder gezwungen wird, mit auf der Couch zu liegen, wo sie doch viel lieber versteckt hoch oben auf dem Kratzbaum sein möchte.
Wenn so etwas häufiger geschieht, kann das Tier dadurch eine Neurose entwickeln und mit Verhaltensauffälligkeiten reagieren. Falls das passiert, sollte ein einfühlsamer Tierarzt oder Tierpsychologe darauf aufmerksam machen, dass die Probleme durch ständige Verletzung des Ruhe- und Rückzugsbedürfnisses des Tieres entstanden sind. Hier hilft dann nur ehrliche Selbstkritik und die Bereitschaft, sich seinen Ängsten und Bedürfnissen zu stellen, ohne dafür das Tier zu benutzen.

Selbstverständlich trösten uns Tiere in einsamen Situationen allein durch ihre Anwesenheit und das ist wunderschön und auch kein Problem, wenn wir ihre Aufmerksamkeit und Zuneigung nicht einfordern, als hätten wir ein Recht darauf. Auch Kinder sind nicht dazu da, unsere Bedürfnisse zu befriedigen, für die wir selbst verantwortlich sind.

Tierliebe als Verzicht

Wie die vorherigen Beispiele zeigen, kann es manchmal notwendig sein, sich zunächst um sich selbst zu kümmern, bevor man ein Tier zu sich nimmt. Viel Tierleid entsteht allein aus Überforderung, nicht aus Boshaftigkeit und Gefühlskälte.
Hierher gehört als auffälliges Beispiel das Phänomen des "Animal Hoarding", wo Menschen ein Tier nach dem anderen bei sich aufnehmen, obwohl sie überhaupt nicht (mehr) in der Lage sind, diese angemessen zu versorgen. Oft sind diese Menschen seelisch krank und nehmen durch ihre Krankheit ihre Umwelt und damit die Wirklichkeit verzerrt war.
Diese Art von "Tierliebe" beginnt meist ganz harmlos und sowohl für Außenstehende als auch für den Betreffenden selbst steht die Wahrnehmung von aufrichtiger Tierliebe am Anfang im Vordergrund. Da der Übergang zum pathologischen Tieresammeln in diesen Fällen allmählich und fließend verläuft, ist es für die Betroffenen sehr schwer, diese Grenze zu erkennen. Auch Außenstehende bemerken das Pro-

blem oft erst dann, wenn die Geruchs- und/oder Lärmbelastung überhand nimmt.

Zumeist beschleunigen Schicksalsschläge den Verlauf und diese Menschen brauchen unbedingt Unterstützung. Hier sollte man es nicht versäumen, das örtliche Tierheim zu kontaktieren und versuchen, mit den Menschen in vertrauensvollen Kontakt zu kommen, damit sie überhaupt einsehen, dass sie und die Tiere Hilfe benötigen.

Wenn ich mir die heutige Situation vieler Menschen und Haustiere ansehe, komme ich zu dem Schluss, dass wirkliche Tierliebe manchmal Verzicht auf ein Haustier bedeuten sollte. Es gibt einfach Konstellationen, in denen ein Mensch einem Tier nicht gerecht werden kann, sei es aus beruflichen oder persönlichen Gründen.

Selbst mehrere Katzen, die sich miteinander beschäftigen können, entwickeln jede für sich eine Bindung an ihre Menschen und können unter ihrer stundenlangen Abwesenheit leiden. Meist verschlafen sie dann die Zeit und fordern am Abend, wenn ihr Besitzer müde von der Arbeit kommt, ihre Spieleinheiten. Wenn der Mensch für dieses Bedürfnis seines Tieres kein Verständnis hat und vielleicht nur ungestört Fernsehen will oder gleich ins Bett geht, kann das, wenn es öfter vorkommt, gravierende Verhaltensauffälligkeiten des Tieres zur Folge haben. Zumindest sollte klar sein, dass ein solcherart frustriertes Tier dann entweder in der Nacht entsprechend auf sich aufmerksam macht oder depressiv bzw. aggressiv wird, weil sein Bedürfnis nach Bewegung und sozialem Kontakt mit seinem Menschen ständig übergangen wird.

Es reicht eben nicht aus, ein Tier zu füttern und zu streicheln, dessen sollte man sich vor der Anschaffung bewusst sein.

In Einzelfällen kann es sogar das Beste sein, ein Haustier in gute Hände abzugeben, wenn absehbar ist, dass ein Mensch sich in Zukunft nicht angemessen um das Tier kümmern können wird. Ebenso kann es Tierhalter geben, die merken, dass sie sich aus den falschen Gründen für ein bestimmtes Tier entschieden haben und Tier und Mensch einfach nicht zueinander passen. Da hilft dann auch keine Verhaltensberatung. Wenn es ständig nur zu Spannungen kommt, zeugt es von Tierliebe, sich nach einem passenderen Zuhause umzuschauen, wo das Tier glücklich werden kann.

Sehe ich mir die Statistiken zur Haustierhaltung an oder schaue beim Gehen durch die Stadt in die Fenster, so fällt mir auf, dass immer mehr Katzen sich an den Scheiben die Nase platt drücken. Oft sehe ich auch liebevoll gestaltete Katzen-Balkone, die vom Verständnis der Besitzer für die Bedürfnisse ihres Tieres zeugen. Und doch frage ich mich: Wäre es nicht in vielen Fällen besser, über seinen Schatten zu springen und auf die Haltung einer Katze - zumindest vorübergehend - zu verzichten? Es gibt ja auch die Möglichkeit, eine Tierart zu halten, die mit längerer Abwesenheit besser zurecht kommt. Oder man engagiert sich in seiner Freizeit im Tierheim und lebt seine Tierliebe auf diese Art aus, bis man einem eigenen Tier ein gutes Leben bieten kann.

Oft hört man, wie schön es doch sei, wenn nach einem langen Arbeitstag die Katze schnurrend um die Beine streicht. Ich weiß genau, dass es ein wunderbares Gefühl ist, von einem Tier begrüßt, gebraucht und -vielleicht- geliebt zu werden. Für viele Menschen wäre ihre Wohnung leer und seelenlos, wenn nicht da das geliebte Haustier nach der Arbeit warten würde. Doch wie schön ist dieses Leben für das Tier? Eine Katze als Haustier ist nicht automatisch die bessere Wahl, wenn jemand verstanden hat, dass er für die Bedürfnisse eines Hundes täglich zu lang außer Haus ist.

Unsere Haustiere können sich an erstaunlich viele Lebensumstände einigermaßen gut anpassen, ohne verhaltensauffällig zu werden. Und trotzdem kommt es immer häufiger vor, dass Tiere solche Anzeichen zeigen.

Obwohl die Rassenkatzenzucht und -haltung oft als negativ angesehen wird angesichts der unzähligen Katzen in Tierheimen und unsäglicher Verirrungen bei Schönheitsidealen, die behinderte Tiere in Kauf nehmen, muss auch gesagt werden, dass eine normale Hauskatze selten in einer Wohnung ohne Balkon oder Auslauf glücklich werden kann.

Auch wenn in Tierheimen über eine Katze gesagt wird, dass sie für reine Wohnungshaltung geeignet sei, habe ich da oft meine Zweifel. Die Gene unserer Hauskatzen sind einfach nicht ganz dieselben wie von Rassekatzen, die unter anderem so gezüchtet wurden, dass ihr Drang nach draußen minimal bis ausgelöscht ist. Auch hier gibt es immer wieder Ausnahmen, auch rassespezifische, aber für die meisten Menschen ohne Balkon und Freilaufmöglichkeit wäre eine Katze einer ruhigen, gemütlichen Rasse meiner Meinung nach einfach besser geeignet. Verzicht bedeutet in diesem Fall den Verzicht auf das gute Gewissen, einer Katze aus dem Tierheim ein Zuhause gegeben zu haben. Doch trotzdem zeugt diese Entscheidung von Tierliebe.

Die Grundfrage, die wir uns meiner Ansicht nach stellen müssen, ist die nach der Berechtigung unseres Anspruchs, ein Tier zu nutzen, um unsere Bedürfnisse zu befriedigen, sei es als Nahrungslieferant -im Falle der sogenannten Nutztiere- oder eben als emotionale Ressource, wie im Fall unserer Haustiere.
Ich denke, es ist vertretbar, Tiere in begrenztem Maße und mit Respekt für ihre Würde und ihre arteigenen bzw. auch individuellen Bedürfnisse für unsere Ernährung oder unsere emotionalen Bedürfnisse zu halten.
Nutztierhaltung, die Tiere nur als Gebär- und Milchmaschinen, Kostenfaktor oder "Fleisch auf Beinen" behandelt, muss allerdings verboten oder darf zumindest nicht mehr subventioniert werden. Tierethische Überlegungen sollten immer die Voraussetzung für Tierhaltung darstellen und die Frage, ob es ethisch zu rechtfertigen ist, Tiere zu essen, und wenn ja, unter welchen Bedingungen, muss dabei ganz oben stehen.

Für mich sind verantwortungsvolle Tierhaltung und Ernährung in erster Linie eine Frage des Bewusstseins, nicht des Geldbeutels. Ich weigere mich, mit den Wölfen zu heulen, die ständig wiederholen, dass sich ärmere Menschen hierzulande schließlich auch Fleisch leisten können müssten. Ich behaupte, dass sie dies auch können - wenn auch nicht jeden Tag -, und zwar in Bio-Qualität, falls sie bereit zum Umdenken sind. Ich bin aber nicht so naiv, anzunehmen, dass dies allen Menschen gelingen kann. Dafür müsste sich auch gesellschaftlich einiges ändern. Wir müssten Mitgefühl, Kreativität, Sinn, Zeit und Liebe viel höher bewerten als heute und dafür Effizienzdenken, Gleichförmigkeit und Gewinnstreben auf einen diesen Werten untergeordneten Platz verweisen.

Es ist zunächst eine Tatsache, dass niemand jeden Tag Fleisch und Wurst essen muss, um gesund zu bleiben.
Sieht man sich in den Warenkörben um, die wir tagtäglich füllen, befinden sich darin meistens Dinge, die uns dick, krank und süchtig machen. Da wir immer mehr davon konsumieren, reicht dann das Geld natürlich nicht mehr für ein Stück Fleisch von einem artgerecht und respektvoll aufgezogenen Tier.
Es geht gar nicht darum, jeden Tag hundert Prozent Bio zu konsumieren. Das ist eine Idealvorstellung, an die die meisten Menschen, mich eingeschlossen, allein aufgrund von alltäglichem Stress und mangelnder Verfügbarkeit von Bioprodukten nicht heranreichen können. Leider gibt es außerdem auch im Bio-

bereich einige schwarze Schafe, so dass man ständig auf eigene Recherche angewiesen ist, wozu viele Menschen weder Lust noch Zeit haben.
Den Idealfall des Bauern um die Ecke, den man kennt und von dem man weiß, wie er seine Tiere aufzieht, bei dem sie noch Gras fressen dürfen und genügend Platz haben, gibt es ja für die Wenigsten von uns noch. So sind wir auf fremde Informationen angewiesen, denen wir dann ab einem bestimmten Punkt einfach Glauben schenken müssen, wenn wir überhaupt noch etwas essen wollen.

Trotzdem bin ich der Meinung, dass wir als zahlende Konsumenten die Macht haben, darüber mit unseren Einkaufskörben abzustimmen, wieviel Tierleid wir bereit sind, auf unseren Tellern zu akzeptieren.
Tierliebe bedeutet hier Bewusstsein, Information und im Zweifelsfall Verzicht.
Für mich passt es zum Beispiel nicht zusammen, dass jemand seine Katze liebt, es ihm aber egal ist, woher das Fleisch in ihrem Futter stammt. Je mehr Katzen und Hunde in unseren Haushalten leben, desto mehr Tiere sterben zwangsläufig für ihr Futter. Ich halte das für ein großes Problem, jedenfalls solange es kein Mäusefleisch ist, was sich im Katzenfutter befindet. Das wäre die artgerechte Ernährung für eine Katze oder hat man ernstlich schon mal davon gehört, dass eine Hauskatze ein Rind gerissen hätte? Unsere Katzen sind Einzeljäger und als solche stehen kleine Beutetiere auf ihrem Speiseplan, die sie frisch verzehren. Die heutige Haustierernährung mit

Fertigfutter kann also immer nur ein Kompromiss in Bezug auf verantwortungsvolle Tierhaltung sein.
Katzen auf dem Land leben dagegen ein noch weitgehend artgerechtes Leben, auch wenn die Mäuse, die sie heutzutage erbeuten, durch Pestizidbelastungen des Getreides nicht mehr die Qualität aus früheren Zeiten erreichen.

Ich würde mir einfach wünschen, dass wir uns mehr Gedanken über die Tiere machen, die für und mit uns leben, und dies möglichst, bevor ein Tier bei uns einzieht oder wir sein Fleisch essen.
Die Mensch-Tier-Beziehung sollte ein Geben und Nehmen sein, geprägt vom Bewusstsein für die Bedingungen, die das Tier für ein weitgehend unbeschwertes Leben braucht. Wir haben kein Recht dazu, andere Lebewesen ohne Rücksicht für unsere egoistischen Bedürfnisse zu benutzen und von ihnen zu verlangen, dass sie sich unserem krankmachenden Lebensstil anpassen.
Unsere Haustiere leiden zunehmend an den gleichen sogenannten Zivilisationskrankheiten wie wir. Alle Faktoren, die uns krank machen, schädigen auch die Gesundheit unserer Tiere. Stress, Krebs, Allergien, Hormonstörungen, Depressionen und andere Verhaltensauffälligkeiten betreffen in verstärktem Maße auch unsere Haustiere.
Zeitmangel, existenzielle Unsicherheit, fremdbestimmte, sinnentleerte Arbeit, Umweltgifte, minderwertige Nahrungsmittel haben enormen Einfluss auf unsere psychische und physische Gesundheit. Der daraus resultierende Stress führt dazu, dass wir unfä-

hig werden, unsere eigenen wirklichen Bedürfnisse und auch die unserer Haustiere wahrzunehmen. Wir glauben, wenn wir Zeit einsparen, gehe es uns besser. Deshalb greifen wir für uns und unser Tier zu Fertigprodukten, die wir aus der Werbung kennen, die uns weismacht, darin sei alles enthalten, was wir brauchen. Es soll einfach nur schnell gehen, damit wir Zeit haben für – ja, wofür?
Immer mehr Menschen bemerken die Falle und beginnen, Fragen zu stellen.
Wenn wir das Leben leben wollen, welches unserem tiefsten Wesen entspricht, werden wir nicht darum herumkommen, Grundlegendes zu verändern. Wir müssen uns damit beschäftigen, was wir als Einzelne jeden Tag dazu beitragen, dass die Welt ein immer feindseligerer Ort für Mensch und Tier wird.
Womit verdienen wir unser Geld? Macht uns diese Arbeit zufrieden? Hat sie Sinn? Wofür geben wir das verdiente Geld aus? Sind das Produkte, die durch Menschen- und/oder Tierleid entstanden sind? Machen uns diese Dinge glücklich und gesünder an Leib und Seele?
Rede ich nur davon, dass ich Tiere liebe oder ziehe ich Konsequenzen für mein tägliches Leben, die einen wirklichen Unterschied machen? Muss ich jeden Tag Fleisch oder Wurst essen? Brauche ich jede Saison neue Lederschuhe?
Lebe ich als Vegetarier oder Veganer wirklich nachhaltiger, bewusster und gesünder? Geht es mich etwas an, dass beispielsweise in Paraguay immer mehr Kinder mit lebensbedrohlichen Missbildungen zur Welt kommen, nur weil ihre Familien neben einem

der riesigen Sojafelder leben, welches regelmäßig mit Pestiziden besprüht wird?

Dieses Soja ist für die EU bestimmt und landet dann in den Mägen unserer Tiere und letztlich damit auch im Katzenfutter. Natürlich wäre die EU dafür zuständig, diesen Wahnsinn zu beenden, doch sie tut es nicht. Deshalb kann eine Veränderung, wie so oft, erst einmal nur von unten kommen, durch jeden Einzelnen von uns.

Wir sind nicht machtlos, das ist eine Ausrede. Wirklich machtlos ist die Mutter des kleinen Jungen, der an einem vergifteten Essen starb. Er war auf dem Weg nach Hause neben dem Sojafeld, als gerade wieder die Pestizide gesprüht wurden. Er wusste nicht, dass die gekauften Lebensmittel in seinem Korb, aus denen seine Mutter dann das Essen zubereitete, nun vergiftet waren. Am nächsten Tag starb er qualvoll im Krankenhaus. Seine Mutter überlebte, doch es ist ein Leben, das sie kaum aushalten kann. Sie hatte zwar die Kraft, vor Gericht zu gehen, doch der Sojabaron, der für den Pestizideinsatz verantwortlich war, kam davon, weil er sich den besseren Anwalt leisten konnte.

Es geht nicht darum, dass wir den ganzen Tag ein schlechtes Gewissen haben sollten, sondern darum, ins Tun zu kommen, selbstverantwortlich zu denken und zu entscheiden, möglichst jeden Tag.

Ja, das ist anstrengend und es macht mich wütend, dass Regierungsvertreter, die von uns gewählt wurden, sich immer wieder hinter der Floskel „Das regelt der Markt" verstecken. Doch wer ist denn dieser ominöse Markt, der soviel Macht hat, dass Politiker vor ihm in die Knie gehen? Das sind auch Wir! Was wir nicht kaufen, wird nicht mehr produziert - so simpel ist Marktwirtschaft. Damit das funktioniert, müssen wir uns allerdings unabhängig von Werbung, Lobbyistenaussagen und allgemeinen Gesundheitsratschlägen machen und uns stattdessen eigenverantwortlich informieren.

Wir dürfen uns nur nicht der Illusion hingeben, dass wir unseren heutigen Konsum einfach durch Bioprodukte ersetzen könnten und alles wäre gut. Ohne unseren Verbrauch generell einzuschränken, würde der Bio-Gedanke ad absurdum geführt, denn unser heutiger Lebensstil ist nur durch Massentierhaltung aufrecht zu erhalten. Weniger ist mehr. Weniger Tierhaltung, doch dafür bestmöglich gehaltene Tiere sind ein Schlüssel für die Zukunft unserer Erde.

Ich denke, dass auch die immer stärker wachsende Weltbevölkerung ohne Massentierhaltung besser ernährt werden könnte. Ein Großteil der Armut in den sogenannten Entwicklungsländern rührt doch gerade davon her, dass weltweit operierende Konzerne traditionelle Kleinbauern von ihrem eigenen Land vertreiben, um riesige Monokulturen an Getreide anzubauen.

Auch unser verschwenderischer Umgang mit Fleisch trägt erheblich dazu bei, dass die Märkte der armen Länder nicht mehr funktionieren können. Der Wahn, Fett einzusparen, hat dazu geführt, dass wir nur noch magere Hähnchenbrust kaufen. Die übrigen Teile - früher wurde zum Beispiel noch ein Suppenhuhn gekocht - sind hierzulande kaum noch verkäuflich und werden zu Spottpreisen in Afrika verhökert. Dadurch bricht der dortige Markt für eigenes Hühnerfleisch fast komplett zusammen, weil die Menschen lieber das billige Fleisch kaufen als ihre eigenen, teureren Hühner. Glücklicherweise formiert sich dagegen langsam Widerstand, weil die Menschen gemerkt haben, dass die Qualität ihrer eigenen Tiere besser ist und die ausländischen Fleischteile mangels funktionierender Kühlkette oft schon verdorben sind.

Der Gipfel der Unverschämtheit ist aber, dass man den afrikanischen Ländern mehr oder weniger mit Sanktionen droht, wenn diese auf die Idee kommen, Einfuhrzölle für unsere Fleischreste zu erheben, um ihre Märkte zu schützen.

Auch an diesem Beispiel wird, wie ich finde, wieder deutlich, dass wir Konsumenten durch unsere Kaufentscheidungen die Macht haben, die Welt zu verändern. Wir dürfen nicht darauf hoffen, dass Politiker Einsicht zeigen, sondern müssen selbst den Wandel herbeiführen, den wir Menschen und die Tiere auf unserem Planeten dringend brauchen.

Dies bedeutet allerdings nicht, dass wir die Regierenden aus ihrer Verantwortung entlassen dürfen. Es ist ihre Aufgabe, die gesetzlichen Rahmenbedingungen für die Märkte festzulegen und nicht zu akzeptieren, dass wir alle vier Jahre unsere Stimme abgeben, nur um uns dann anzuhören, was die Politik angeblich alles nicht kann. Schauen wir also genau hin und üben wir im Zweifelsfall Verzicht!

Bisher ging es mir um Tierliebe in offensichtlichen Problemfeldern. Doch auch da, wo man es nicht sofort vermutet, nämlich im Tierschutz, gibt es Verbesserungsbedarf und auch hier kann Weniger manchmal Mehr sein.

Menschen, die sich für Tiere engagieren, haben meist die besten Absichten und lassen sich von ihrem Mitgefühl, einem starken Gerechtigkeitssinn und „heiligem Zorn" in ihrer täglichen Arbeit leiten. Auch wenn ihr Tun dem berühmten Tropfen auf den heißen Stein entspricht, sähe es ohne ihr Engagement noch furchtbarer auf der Welt für Tiere aus.

Doch es gibt auch fehlgeleiteten Tierschutz. Ich habe zum Beispiel etwas gegen die Grundannahme, jedem Tier ginge es automatisch besser, wenn es in die Obhut von Menschen käme. Obwohl dies ohne Zweifel den meisten Tieren, die menschlichen Kontakt gewöhnt sind, zu wünschen wäre, gibt es auch Ausnahmen. Ich denke da zum Beispiel an Kastrationsprogramme für Katzen. Mir ist selbstverständlich bewusst, wie wichtig die Kastration von Streunern in Großstädten ist, um Krankheiten und Hunger unter der sonst rasant anwachsenden Straßenkatzenpopulation zu vermeiden. Auch weiß ich, welch hohen personellen, finanziellen und logistischen Aufwand diese Arbeit erfordert. Allerdings meine ich, dass aus einem sinnvollen und notwendigen Akt kein blinder Aktionismus ohne Augenmaß werden sollte.

Vor einiger Zeit sah ich eine TV-Sendung über Tierschützer, die sinngemäß unter dem Motto "Jede Katze hat das Recht auf ein Sofa" stand. Gezeigt wurde, wie die Mitarbeiter der Tierschutzorganisation Katzen in einer Großstadt einfingen und zur Kastration brachten.

Unter den eingefangenen Katzen war auch eine, noch ihre Jungen säugende, sehr wilde Katzenmutter mit ihrem Wurf. Die Tierschützer waren sich im Klaren darüber, dass die Mutter nach der OP aufgrund ihrer Wildheit wieder am Einfangort ausgesetzt werden musste. Die Kleinen aber sollten per Hand von Menschen aufgezogen werden, um sie dann vermitteln zu können. Der Unterton dieses Berichts suggerierte, dass es diese Jungen auf jeden Fall in einem Menschenhaushalt besser hätten. Beim Betrachten des Films merkte ich, wie ich immer unruhiger und empörter wurde und begann, mir Fragen zu stellen.

Diese Kätzchen lebten mit ihrer Mutter auf einem großen, grünen Friedhof, wo treusorgende ältere Frauen bei Wind und Wetter, ohne Rücksicht auf ihre Gesundheit, von einer manchmal nur kleinen Rente lebend, tagtäglich sich um das leibliche Wohl der Katzen kümmerten. Jede von ihnen kannte "ihre" Katzen ganz genau und die Tiere wussten offenbar, dass sie sich auf ihre Hilfe verlassen konnten. Diese Frauen sind meist Teil eines informellen Netzwerks, sodass sie sofort Bescheid wissen, wenn eine von ihnen krank ist und Ersatz gefunden werden muss. Sie würden es schnell bemerken, wenn eine neue Katze auf dem Friedhofsgelände auftaucht und können einschätzen, ob es ein wilder Streuner oder ein frisch ausgesetztes oder entlaufenes Tier mit starkem Menschenbezug ist.

Mir wurde zum ersten Mal wirklich klar, was für einen enormen Wissensschatz solche sogenannten Katzenmütterchen anhäufen. Tierschützer könnten diese Frauen viel mehr einbeziehen, wenn es um die Einschätzung von einzelnen Katzen geht, die kastriert und/oder vermittelt werden sollen. Es ist eine Verschwendung, wenn sie statt dessen dieses Wissen nur dazu benutzen, geeignete Einfangmethoden und -plätze zu finden.

Die Katzenmutter und ihre Jungen hatten dort auf dem Friedhof kein schlechtes Leben, auch wenn der Bericht das mehrfach so darstellte. Als die Tierschützer sie nach der Kastration ohne ihre Kleinen wieder in die Freiheit entließen, irrte die verstörte Katze umher, als würde sie etwas suchen, was sie einfach nicht finden konnte.

Woher wollen wir eigentlich so genau wissen, dass diese Katze nicht unter dem plötzlichen Verlust ihrer Jungen litt, vielleicht sogar trauerte, von dem hormonellen Chaos in ihrem Körper ganz abgesehen? Wieso bilden wir uns ein, wir könnten bessere Katzenmütter sein und nehmen Katzenkindern ihre Mutter weg? Hätte man in diesem Fall mit der Kastration nicht warten können, bis sie die Kleinen nicht mehr säugte? Natürlich wäre dann eine Vermittlung der Jungen in menschliche Hände wohl nicht mehr möglich gewesen, da die Prägephase, die bei Katzen von der 2. bis zur 7. Woche stattfindet, dann überschritten gewesen wäre. Das Risiko hätten die Tierschützer in diesem Fall meiner Meinung nach in Kauf nehmen müssen und ihre Arbeit auf die spätere Kastration von Mutter und Jungen beschränken sollen.

Darüber hinaus sind handaufgezogene Kätzchen häufig im späteren Zusammenleben mit Menschen und Artgenossen weniger sozial und neigen zu ag-

gressivem Verhalten, weil in ihrer Entwicklung die fein platzierten Rügen der Mutter fehlen, die ein Mensch kaum nachahmen kann, selbst wenn er sich sehr gut mit Katzenverhalten auskennt. In meiner tierpsychologischen Beratungstätigkeit hatten Probleme mit handaufgezogenen Katzen leider ihren festen Platz.
Zum Glück durften die Kleinen aus dem Filmbeitrag wenigstens mit ihren Geschwistern aufwachsen, was die Probleme einer einzelnen Handaufzucht vermindern kann.

Ein weiterer Fall in dieser Sendung fiel mir unangenehm auf und zeigte die Gratwanderung, auf der sich Tierschützer mit ihrer guten Absicht, helfen zu wollen, manchmal befinden:
Ein Wurf von ca. 12 Wochen jungen, wilden Katzen wurde eingefangen, um sie in ein vermeintlich besseres Leben zu vermitteln. Sie wurden dann im Tierheim "zwangsbeschmust", um sie vielleicht doch noch auf den Menschen prägen zu können - ein fast aussichtsloses, stressreiches Unterfangen für die Katzen und die Menschen. Es war für mich schwer, dabei zuschauen zu müssen, wie die Kätzchen spuckend, fauchend und kratzend um ihre Freiheit kämpften.
Ich hoffe sehr, dass sie vielleicht einen Platz mit viel Freilauf gefunden haben bei Menschen, die nicht darauf bestehen, mit ihnen schmusen zu wollen. Anderenfalls wäre eine Tierheimkarriere für sie vorprogrammiert.

Auch diese jungen Katzen lebten auf dem großen schönen Friedhof, der einigen Tieren Platz bot bei regelmäßiger Fütterung durch die Katzenfreunde, die wohl auch von der Friedhofsverwaltung nicht beanstandet wurde. Angesichts völlig überfüllter Tierheime fehlte mir auch in diesem Fall das Verständnis. Wie viele ältere Katzen dort werden durch solche niedlichen Geschöpfe wieder und wieder nicht als Familienmitglied ausgewählt? Die Kleinen stehlen ihnen zwangsläufig die Show, obwohl sie nicht darum gebeten hatten.

Wenn man die Friedhofskatzen mit Respekt für die individuellen Bedürfnisse der Tiere kastriert, wieder freilässt oder in manchen Fällen auch vermittelt, ist das eine unterstützenswerte Sache. So bleibt genügend Platz für alle und wenn ab und zu doch mal eine Katze auftaucht mit Jungen im Schlepptau, sollte man nicht gleich in Panik und Aktionismus verfallen, sondern in Ruhe und in Kooperation mit den wunderbaren Katzenfrauen und -männern eine Lösung finden, die den Tieren wirklich gerecht wird.

Ich denke, das Grundproblem in diesen beiden Beispielen bestand in der fälschlichen Annahme, die Katzen würden leiden. Aber keines der Tiere sah abgemagert oder struppig aus, sie hatten Nahrung und wenn ein Tier krank geworden wäre, hätten die Betreuerinnen das gemerkt und gehandelt.

Bliebe noch die Gefahr, dass ein Tier durch ein Auto erfasst und schwer verletzt oder getötet wird, doch dieses Risiko teilen alle Freigänger, deren Revier an eine Straße grenzt. Und doch würden diese Katzen niemals ihr Leben gegen eines auf dem Sofa eintauschen wollen, da bin ich mir sicher.

Der Mensch muss einfach lernen, dass er zwar eine Verantwortung gegenüber den Tieren hat, dass daraus aber nicht folgt, jedes wohlmeinende Verhalten unsererseits ihnen gegenüber sei automatisch ethisch gerechtfertigt. Die gute Absicht allein reicht nicht, sondern wir sollten auch so oft wie nur möglich unsere eigenen dahinter liegenden Motive und Bedürfnisse mit einbeziehen. Nicht nur in klassischen Gesundheitsberufen gibt es das sogenannte Helfersyndrom, sondern auch im Tierschutzbereich. Ich würde mir wünschen, dass vor weitreichenden Kampagnen genauer analysiert wird, was warum wie gemacht werden soll.

Wir sind als Menschen zum Verwalter der Erde und ihrer Lebewesen bestellt und können dieser Verantwortung am besten gerecht werden, wenn wir uns immer wieder Zeit zum Nachdenken nehmen.

Es wäre aus meiner Sicht wichtig, genau wie in anderen Helferberufen auch, Supervision für die Helfer in Tierschutzvereinen anzubieten. Sich untereinander über die emotional belastenden Erlebnisse, aber auch über die Glücksmomente des Tages auszutauschen, ist zwar sehr wichtig, doch manchmal braucht es auch den Draufblick von außen, um etwaige ungünstige Automatismen oder auch eine Erschöpfung einzelner Helferinnen zu erkennen und aufzufangen. Tierelend ist nur schwer zu ertragen und doch gibt es einen normativen Druck, für die gute Sache dran zu bleiben, auch wenn man eigentlich eine Auszeit braucht. Daraus kann dann wieder Aktionismus entstehen, der nicht mehr das einzelne Tier in seiner individuellen Situation sieht, sondern nur eine Gesamtzahl, beispielsweise an kastrierten Katzen, im Blick hat.

Ich möchte, dass wir jedes Tier so gut wie möglich in seinem Wesen ernst nehmen, auch wenn dieses Ideal im Tierschutzalltag nicht immer erreicht werden kann. Die allermeisten Tierschutzorganisationen kommen ihm jedoch glücklicherweise sehr nahe und ich habe größten Respekt vor ihrer unermüdlichen Arbeit.

Dürfen wir Tiere essen?

Zu dieser Frage, welche nur wir Menschen überhaupt stellen können, ist schon viel Kluges gesagt und geschrieben worden. Deshalb möchte ich nur ein paar Gedanken zu diesem Thema beisteuern ohne den Anspruch zu haben, philosophisch in die Tiefe gehen zu wollen oder zu können.

Wir sind – wahrscheinlich - als einziges Tier in der Lage, über Fragen von Ethik und Moral nachzudenken. Alle anderen Tiere essen Tiere, weil sie es müssen und nicht darüber reflektieren können.

Wenn ein Allesfresser wie der Bär sich solche Gedanken machen würde, stünde er vor dem gleichen Dilemma wie wir. Unsere Denkfähigkeit auf hohem Niveau ist also Segen und Fluch zugleich. Letztlich bleibt unser Denken aber abstrakt, während unsere Biologie, wie die aller anderen Tiere auch, einfach Fakten schafft. Auch ein über ethische und moralische Fragen nachdenkender Mensch kann sich ihnen nicht entziehen.

Deshalb ist es leider so, dass wir gezwungen sind, die Frage „Müssen wir Tiere essen?" über die Frage „Dürfen wir Tiere essen?" zu stellen. Nur wenn die erste Frage beantwortet ist, wird sich zeigen, ob die zweite überhaupt sinnvoll ist. Meiner Ansicht nach wäre es nicht klug, das Verzehren von Fleisch aus ethischen Gründen abzulehnen, wenn unser Körper dann nur durch synthetische Nahrungsergänzungsmittel gesund bleiben könnte.

Ein Argument wie „Fleisch ist doch schließlich auch Genuss" darf aus meiner Sicht keine Rolle dabei spielen, Fleischessen zu rechtfertigen. Allein unsere Biologie sollte den Ausschlag geben, ansonsten können wir uns, meine ich, tierethische Fragen auch sparen.

Natürlich haben wir nicht immer die Willensstärke, um tagtäglich bestimmten kulinarischen Verlockungen zu widerstehen - ein Problem, das andere Länder der Welt gern hätten- , und wir neigen alle zu Bequemlichkeit und einfachen Lösungen. Auch wäre es widernatürlich, wenn der Mensch als einziges Tier Dinge essen würde, die ihm nicht schmecken. Doch wenn es um die Tötung eines Lebewesens geht, sollten wir uns bemühen, unser Handeln stärker zu hinterfragen.

Muss der Mensch also Fleisch essen? Funktioniert sein Organismus auch ohne Fleisch, und zwar bestmöglich?

Nun bin ich keine Expertin auf dem Gebiet der Humanphysiologie, sondern kann mir nur so viel an Informationen wie möglich dazu erschließen, um mir ein Bild zu machen.

Bekanntlich ist der Mensch ein Allesfresser. Dies bedeutet, er ist weder ein reiner Pflanzen- noch ein reiner Fleischfresser. Dies kann man unter anderem durch Vergleiche der Gebissform und Darmlänge von Pflanzen-, Fleisch- und Allesfressern feststellen.

Der Mensch hat sich seit seiner Entstehung an unterschiedlichste Klimazonen angepasst, die natürlich auch Auswirkungen auf die Ernährung haben. Allein die Tatsache, dass die Sonne nicht überall auf der Welt gleich lang scheint, spielt für die Vitamin D-Versorgung des Menschen eine große Rolle. Unter anderem deshalb erscheint es mir logisch, dass es nicht die eine beste Ernährungsform für alle geben kann.

Das bekannteste Beispiel hierfür sind die Inuit. Sie leben traditionell hauptsächlich von Fleisch bzw. Fisch und könnten allein schon klimabedingt keine Weidehaltung betreiben - jedenfalls noch nicht, denn der Klimawandel könnte ihre Lebensweise bald dramatisch verändern. So bilden Fleisch und Fisch ihre einzigen Protein- und Fettquellen. Untersuchungen haben immer wieder ergeben, dass diese Menschen im Durchschnitt sehr gesund sind. Erst seit der Zucker in ihre Ernährung Einzug gehalten hat, ändert sich das.

Auch manche Nomadenvölker der Erde könnten ohne ihre Tiere, deren Fleisch sie manchmal essen, meistens aber nur ihre Milch nutzen, nicht überleben.

Auf der anderen Seite hat der vegane Lebensstil, der - zumindest theoretisch - auf tierische Produkte, auch Leder, komplett verzichtet, in vielen Ländern immer mehr Verfechter und gilt nicht nur als besonders ethisch korrekt, sondern auch als gesund. Leider wird er auch immer häufiger zum Statussymbol, besonders in den Metropolen des Westens. Hier spielen die Tiere dann manchmal nur noch eine untergeordnete Rolle und es wird auch nicht so genau genommen, ob man Lederschuhe trägt oder nicht.
Dabei fällt mir auf, dass viele Veganer, die andere von ihrem Lebensstil überzeugen wollen, immer darauf hinweisen, dass es nicht um Verzicht gehe. Ich frage mich: Worum geht es denn dann? Natürlich verzichte ich als Veganer, nämlich auf die Nutzung von Tieren in jeder Form und das aus guten Gründen. Wahrscheinlich ist damit aber gemeint, dass es kein freudloser Lebensstil sein muss.

Ich bin jedoch nicht der Meinung, dass eine Ernährung ohne jegliches tierische Protein für jeden und zu jeder Zeit das Beste wäre. Denn ebenso, wie es Menschen gibt, die mit einer veganen Ernährungsweise zurechtkommen, gelangen auch viele damit nach einigen Jahren an ihre körperlichen Grenzen. Letzteres kann eine zutiefst verstörende Erfahrung sein, wenn zu Gunsten der eigenen Gesundheit der ethische Anspruch, keine Tiere ausbeuten zu wollen, in den Hintergrund treten muss.

Sojaprodukte oder andere Hülsenfrüchte als Proteinquellen kommen für manche Menschen nicht infrage, da sie sie einfach nicht vertragen. Soja gilt auch mittlerweile nicht mehr als so gesund, sondern eher als problematisch. Es kann unseren Hormonhaushalt stören, der bei Menschen in Industriegesellschaften durch die allgegenwärtigen hormonähnlichen Verbindungen aus Plastik, Medikamenten und Chemikalien bereits stark belastet ist.

Aber müssen wir deshalb Fleisch essen, um unserem Körper gesundes Protein zur Verfügung zu stellen? Den verschiedensten Publikationen habe ich als Fazit entnommen, dass der menschliche Organismus tierisches Protein besser verwerten kann als pflanzliches. Ich weiß aber, dass es auch Studien gibt, die zum gegenteiligen Ergebnis kommen, die aber wegen methodischer Mängel nicht unumstritten sind.

Tierisches Protein bedeutet aber eben nicht zwangsläufig Fleisch. Viele Menschen können mit hoher Wahrscheinlichkeit mit einer vegetarischen Ernährung, also ohne Fleisch und Fisch, ohne irgendwelche zusätzlichen synthetischen Nahrungsergänzungsmittel gesund bleiben. Unsere Nahrung sollte dann als tierische Eiweißquellen Eier und Milchprodukte enthalten. Falls diese allerdings aus konventioneller Massentierhaltung stammen, kann ein Vegetarier sogar mehr Tierleid zu verantworten haben als ein Mensch, der gelegentlich Fleisch von Tieren aus verantwortungsvoller Tierhaltung isst und Eier und

Milchprodukte aus Massenställen meidet. Dieser Mensch würde in diesem Fall sogar gesünder leben als der Vegetarier, da Fleisch von Tieren aus artgerechter Weidehaltung, aber wahrscheinlich nur dieses, als ernährungsphysiologisch hochwertig für den menschlichen Organismus zu betrachten ist.

Milch ist ein tierisches Produkt, welches meist durch Tierleid erkauft wird. Damit eine Kuh Milch gibt, muss sie ein Kälbchen gebären. Damit sie immer mehr Milch gibt, muss sie also ständig gebären und bekommt Hormone, deren Rückstände sich dann auch in der Milch finden. Die Kälbchen dürfen nicht bei ihrer Mutter bleiben - was übrigens auch im Biobereich weit verbreitet ist -, und man muss, wie ich finde, schon sehr abgestumpft sein, um ihr jämmerliches Schreien und das Rufen der Mütter nicht mehr zu hören.

Aber es geht auch anders, denn manche Bauern praktizieren die natürliche Haltung von Mutterkuh und Kälbchen. Der Mensch nutzt dann nur die Milch, die das Kälbchen übrig lässt. Dass dabei nicht die Mengen an Milchprodukten erzeugt werden können, die wir aus dem Supermarktregal gewohnt sind, dürfte nicht verwundern.

Auch ein Huhn legt nicht ohne Weiteres immer so viele Eier, wie wir möchten. Dazu kommt, dass männliche Küken - leider auch im Biobereich - meist getötet werden, weil sie später keine Eier legen können.

Obwohl Eier ihren schlechten gesundheitlichen Ruf endlich wieder los sind, sollten wir als ethisch han-

delnde Menschen sie also nicht einfach wahllos essen. Wir kommen nicht umhin, uns über die Haltung der Hühner zu informieren, denn auch ein Bio-Siegel ist kein Garant für artgerecht lebende Tiere. Ganz im Gegenteil können Eier von Kleinbauern, für die das Siegel mit zu hohen Kosten verbunden ist, die bessere Wahl sein, wenn ihre Hühner auch mal einen Regenwurm fressen dürfen.
Es ist deshalb fast unmöglich, in einem Biomarkt einer Großstadt täglich die ethisch einwandfreieste Wahl zu treffen, da wir nie alle Informationen zur Verfügung haben, die wir dafür bräuchten.

Aber nun zurück zur Frage, ob wir Tiere essen dürfen.
Wenn ich feststelle, dass manche Menschen, weil sie seit Jahrhunderten in einer bestimmten Klimazone leben, gar keine andere Wahl haben, als Fleisch zu essen, muss ich ihnen zugestehen, dass sie dies auch dürfen. Sonst hätten sie nur die zweifelhafte Möglichkeit, ihre Heimat zu verlassen und damit ihre Tradition und Kultur aufzugeben.
Es darf meiner Meinung nach keine elitäre Ethik geben, die bestimmte Volksgruppen als unethisch brandmarken würde. Im Fall der Inuit und anderer Ureinwohner der Erde wäre das sogar besonders unbegründet, denn ihr Umgang mit der Natur ist ausgesprochen respektvoll. Sie kennen keine Verschwendung wie wir, sondern nutzen alle Teile eines Tieres, das sie erlegt haben und töten nur, wenn sie es müssen, nicht, weil sie gerade Appetit auf Fleisch haben. Zumindest die Alten unter ihnen kennen es

nicht anders und versuchen, den Jüngeren diesen Geist von Ehrfurcht und Demut vor der Natur zu vermitteln.

Ich denke daher, dass wir Menschen prinzipiell Tiere essen dürfen, dies aber nicht unter allen Umständen. Der Einzelne sollte entscheiden und damit verantworten dürfen und müssen, ob und wie oft er Tiere isst, doch die Menschheit als Ganzes muss verbindliche ethische Grenzen dafür festlegen, unter welchen Bedingungen Tiere leben und sterben.
Eine Tierethik sollte vor allem den Respekt, aber auch bestimmte Rechte für Tiere beinhalten. So dürfen sie vor dem Gesetz nicht länger als Sache gelten, sondern müssen als Mitgeschöpfe mit bestimmten, je nach Tierart zu definierenden Rechten anerkannt werden, die man nicht ungestraft verletzen darf.
Hierher gehört auch das Problem der Tierversuche, die ich wegen ihrer mangelnden Übertragbarkeit auf den Menschen, des Missverhältnisses zwischen Tierleid und zum Teil lächerlichen Untersuchungsgegenständen, bestehender Alternativen und vor allem der menschlichen Hybris, die dahinter steht, ablehne.

Natürlich könnten wir dann aber nur jene Tierarten essen und nutzen, denen wir nicht die vollen Rechte gewären, die der Mensch hat - jedenfalls auf dem Papier. Die Durchsetzung dieser Rechte und die Kontrolle ihrer Einhaltung wären dann noch ein anderes Thema. Auch dürften diese Rechte, einmal gewährt, nicht wieder entzogen werden.

Hier wird bereits deutlich, dass wir dann jedoch beurteilen, auswählen, selektieren müssten - ob es uns behagt oder nicht. Welche Tierarten sollen für uns sterben, welche nicht? Wir werden dabei nicht umhin kommen, wieder einmal unsere eigene Spezies als Maßstab zu nehmen, denn es wird letztlich um Ähnlichkeiten gehen. Auch wenn ein Käfer nicht gequält werden sollte, wird ihm wohl niemand das Recht auf Unversehrtheit seines Körpers zugestehen wollen. Jeder von uns wird in seinem Leben aus Versehen auf Käfer, Ameisen, Regenwürmer treten, nur absichtlich sollten wir es nicht tun, denn auch sie können höchstwahrscheinlich Schmerzen empfinden. Auch in Vorratslagern wird es immer wieder nötig sein, Insekten zu töten. Sicher wird auch jeder von uns schon mindestens einmal eine Mücke erschlagen haben.

Diese Tiere sind uns nicht sehr ähnlich, dienen auch nicht unseren Bedürfnissen und deshalb werden wir wahrscheinlich andere, uns ähnlichere, Tiere auswählen, um ihnen gewisse Rechte zuzugestehen. Das würde bedeuten, uns wären bestimmte Tierarten mehr wert als andere. Es bedeutet aber nicht, dass wir auf einen gewissen *Respekt* für jede Tierart verzichten könnten.

Es ist grausam, diese Wahl zu treffen, aber auch nur wir sind durch unsere Vernunftbegabung dazu in der Lage. Anders werden wir den Anspruch, Tiere nutzen und sie dafür auch manchmal töten zu dürfen, nicht mit dem, aus meiner Sicht, ethisch dringend gebotenen Ziel, Tieren mehr Rechte zu geben, verbinden können.

Dann dürften allerdings kulturelle und nationale Unterschiede keine Rolle spielen: Entweder eine Tierart bekommt weltweit die gleichen unverhandelbaren Rechte oder nicht. Ich kann mir nur nicht vorstellen, dass wir, zum Beispiel, Walen das Recht auf Leben zusprechen würden und damit gleichzeitig den Inuit verbieten müssten, sie zu töten. Bei Menschenaffen sollte uns das selbstverständlich leichter fallen, da kein Volk auf ihr Fleisch angewiesen ist und sie uns sehr ähnlich sind.

Es scheint mir eine fast unlösbare Aufgabe zu sein und alle Menschen, die sich für Tierethik interessieren oder sich beruflich, beispielsweise als Philosophen oder Tieranwälte, mit ihr befassen, sollten weltweit nicht nachlassen, das Thema in die öffentliche Diskussion zu tragen und praktische Vorschläge für eine möglichst gerechte Lösung einzubringen. Wir sind es den Tieren schuldig.

Geliebtes Kind – Respektiertes Tier

Sehr häufig müssen sich Menschen, die sich für Tiere einsetzen, die Frage gefallen lassen, wieso sie sich nicht lieber für Kinder engagieren. Abgesehen davon, dass ich die Frage unverschämt finde, da niemand aus einem einzigen Merkmal einer Person - in diesem Fall dem Einsatz für Tiere – Schlussfolgerungen über ihre Motive und sonstigen Interessen ziehen kann, bleibt auch meist im Unklaren, ob der Fragesteller selbst sich denn für Kinder engagiert. Hier haben wir es meiner Meinung nach mit einem Ablenkungsmanöver zu tun, denn die Liebe zu Kindern und die Liebe zu Tieren hängen auf das Engste zusammen.

Vielleicht haben Sie sich auch schon gefragt, weshalb Mitgefühl für Tiere unter den Menschen so ungleich verteilt ist?
Manche kümmern sich liebevoll um Tiere und helfen ihnen, wo immer sie können. Anderen dagegen sind Tiere gleichgültig und sie haben kein Bedürfnis nach näherem Kontakt zu ihnen. Dann gibt es Extremfälle, wo Menschen Tieren absichtlich Schmerzen zufügen, sie Ängste leiden lassen aus purer Lust am Quälen.
Ist nun bei diesen Menschen der Hang zum Sadismus gegenüber Tieren angeboren? Oder ist ihnen etwas geschehen, das sie zu Tierquälern gemacht hat?
Ich möchte versuchen, diese Fragen vor dem Hintergrund der kindlichen Entwicklung zu beantworten.
Aus meiner Sicht sind nur geliebte Kinder in der Lage, später als Erwachsene Mitgefühl zu entwickeln, sowohl Menschen als auch Tieren gegenüber. Der Mensch ist von Natur aus dafür angelegt, Leben hervorzubringen und es zu schützen, genau wie jedes andere Tier seine Nachkommen beschützt. Wenn Menschen von diesem Naturgesetz abweichen, muss ihnen in der sensibelsten Phase ihres Lebens etwas geschehen sein, das ihre Liebesfähigkeit und ihr Mitgefühl verschüttet hat.

Die große Psychoanalytikerin, Kinderrechtlerin und Autorin Alice Miller (1923-2010) widmete ihre gesamte Arbeit der Aufklärung über diese Zusammenhänge.
Wenn Kinder gedemütigt, seelisch und/oder körperlich misshandelt werden, lernen sie, diese Verletzungen so gut es eben geht, zu verdrängen, um nicht merken zu müssen, dass ihre Eltern sie nicht lieben.
Dem Kind bleibt keine andere Wahl, als irgendwie in dieser lebensfeindlichen Umgebung zu überleben, der es, weil es abhängig ist, nicht entfliehen kann. Das schafft es nur, indem es sein Bedürfnis nach Liebe in sich verschließt. Es muss sich einreden, dass alles nur zu seinem Besten geschieht und meist bestätigen dies die Erwachsenen in seiner Umgebung auch noch explizit durch eine entsprechende Bemerkung.
Ungeliebte Kinder fühlen sich schuldig, weil sie sich nicht vorstellen können, dass ihre Eltern etwas Unrechtes tun. Es muss also an ihnen selbst liegen. Da es seine natürlichen Reaktionen auf die grausame Behandlung, wie Wut oder Tränen, nicht zeigen darf, werden diese Emotionen tief im Körper des Kindes eingesperrt. Sie sind dann so gut verdrängt, dass diese Kinder später als Erwachsene sagen, die Erziehung durch ihre Eltern habe ihnen nicht geschadet, nein, ganz im Gegenteil, sie hätten eine glückliche Kindheit gehabt.
Das Tragische daran ist, dass sie aufgrund der Verdrängung die ihnen zugefügten traumatischen Erfahrungen an ihre eigenen Kinder weitergeben, ohne es zu merken.

Kinder und Tiere sind die perfekten Opfer für Täter, die ihre grausame Kindheit wegsperren mussten, um zu überleben. Durch die Identifikation mit den starken Tätern von damals agieren diese Menschen dann manchmal ihre früh erlittenen Grausamkeiten an wehrlosen, abhängigen Geschöpfen aus.

In der Lebensgeschichte von Serienmördern findet sich immer ein zutiefst gequältes Kind, dem niemand zu Hilfe kam sowie erste Warnsignale in Gestalt von Tierquälerei, die man hätte ernst nehmen müssen. Eine schlimme Kindheit darf zwar keine Entschuldigung für Verbrechen sein, doch erklärt sie, wie es dazu kommen kann.

Wenn ein Kind mehrfach Tiere quält, sollten wir spätestens beginnen, genauer hinzusehen und uns um es zu kümmern. Von Geburt an ist kein Kind sadistisch veranlagt, sondern dieses Verhalten wird immer erlernt.

Nun werden bekanntlich glücklicherweise die wenigsten misshandelten Kinder zu Gewalttätern. Die Ursachen hierfür liegen zum Einen darin, dass Menschen von Geburt an unterschiedlich empfindsam sind. Was für das eine Kind nicht zu ertragen ist, hält ein anderes gerade noch aus. Zum anderen können Menschen verschiedene Arten von Bewältigungsstrategien einsetzen, die jedoch langfristig alle zum Scheitern verurteilt sind, solange die grausamen Kindheitserlebnisse nicht ins Bewusstsein gelangen, um sie zu betrauern und dann so gut wie möglich verarbeiten zu können.

Manche Menschen nehmen Zuflucht zu Süchten, andere werden einfach gut angepasste Bürger, wieder andere gelangen zu Macht und re-inszenieren durch einen fanatischen Einsatz für Ordnung und Sauberkeit die Szenen ihrer brutalen Erziehung. Auch Depressionen sind ein sehr häufiges „Bewältigungsmuster", um Gefühle fast vollständig auszuschalten, die sonst ins Bewusstsein dringen könnten. Der wichtigste Grund dafür, dass ein gequältes Kind nicht selbst zum Täter wird, ist aber das Vorhandensein von Personen, die ihnen beistehen. Darauf werde ich gleich noch eingehen.

Was nun das Mitgefühl für Tiere betrifft, scheint mir genau dieselbe Verdrängung im Spiel zu sein, die Menschen von ihren eigenen Erinnerungen an Schwäche, Ausgeliefertsein und Missbrauch fernhält. Im „harmlosesten" Fall wollen wir das alles gar nicht so genau wissen, was in den Massenställen, bei den Tiertransporten oder in den Schlachthöfen passiert oder was der Nachbar mit seinem Hund macht. Wenn wir dann doch mal einen Fernsehbeitrag nicht schnell genug wegzappen können, bemühen wir uns vielleicht eine Woche lang, genauer beim Einkaufen hinzusehen. Danach schleicht sich aber meist die Macht der Gewohnheit wieder ein, die in diesem Fall die Macht der Verdrängung ist. Wir sagen: „Ach, da könnte man ja gar nichts mehr essen, wenn man ständig darüber nachdenken würde."
In extremeren Fällen können Menschen Tiere wie leblose Sandsäcke auf Tiertransporte werfen, treten und schubsen und völlig ungerührt in die angstgeweiteten Augen von Rindern und Schweinen schauen, die unter den grausamsten Umständen, oft

verletzt, hungrig und durstig durch lange Transporte, zur Schlachtbank getrieben werden.

Obwohl ich weiß, dass viele Menschen die pure wirtschaftliche Notwendigkeit zu solchen Jobs zwingt, behaupte ich, dass bedingungslos geliebte Kinder als Erwachsene nicht fähig wären, Tiere so zu behandeln und eine solche Arbeit zu tun. Der Preis für Menschen, die zu Mitgefühl fähig sind und trotzdem eine solche Arbeit tun müssen, ist sehr hoch und ich denke, dass diese Arbeiter so einen Job nicht lange ausüben können, ohne krank zu werden.

Aber ich möchte noch etwas klarstellen: Natürlich ist es so, dass ein Tier getötet werden muss, wenn man Fleisch essen will. Die meisten Menschen essen aber Fleisch, obwohl sie es nicht fertig bringen würden, das Tier selbst zu töten. Diesen Schritt überlassen wir lieber Anderen.
Bauern, die sich bemühen, ihre Tiere artgerecht und respektvoll zu halten und so stressfrei wie möglich dann auch selbst zu töten, würde ich nicht als grausam bezeichnen. Auch wenn ich es zwar nicht verstehen kann, wie man ein Ferkel mit Liebe aufziehen, ihm einen Namen geben und es dann eigenhändig töten kann, habe ich doch großen Respekt vor der Konsequenz, die dahinter steht. Diese Bauern machen es sich nicht leicht und delegieren das Töten des Tieres an Fremde. Dafür riskieren sie oft jahrelangen Ärger mit den Behörden, die eine Tötung außerhalb von Schlachthöfen selten gestatten.

Diese Bauern verdrängen das Tierleid nicht, welches normalerweise mit dem Transport zur Schlachtung verbunden ist, sondern versuchen, es zu minimieren. Manche von ihnen entscheiden sich sogar dafür, die Tierhaltung aufzugeben, wenn man sie zwingen will, die Tiere in den Schlachthof zu bringen. Auch das ist für mich eine Form der Tierliebe.

Beim Nachdenken über die Auswirkungen der Kindheit auf unsere spätere Fähigkeit, Tiere respekt- und liebevoll behandeln zu können, bin ich auf eine weitere Frage gestoßen:
Wie kann es sein, dass einige Menschen offenbar Tiere lieben können, jedoch für Kinder und Schwächere kein Mitgefühl aufbringen?
Weil das scheinbar in Widerspruch zu meiner These steht, dass jemand, der Tiere wahrhaft liebt, immer auch Mitgefühl mit Kindern und anderen hilfebedürftigen Menschen hat, möchte ich mich an einer Erklärung dieses Phänomens versuchen.
Solchen Menschen könnte es als Kind gelungen sein, das an ihnen verübte Unrecht nicht einfach zu verdrängen, sondern es auf noch schwächere Lebewesen zu projizieren. Ein ebenfalls vom Vater geschlagener Hund fungierte für diese Kinder so vielleicht als Stellvertreter. So mussten sie ihre eigene Verzweiflung nicht spüren, denn das Grauen war ja gar nicht *ihnen* passiert, sondern dem Hund.
Sie können es deshalb möglicherweise in einem leidenden Tier wahrnehmen, ohne eine Verbindung zu ihrem eigenen verdrängten Leid herzustellen. Dadurch wird es möglich, dass sich jemand aufopfe-

rungsvoll für Tiere einsetzen kann und gleichzeitig für die ständigen blauen Flecke des Nachbarskindes völlig blind ist. Dieser Mensch würde sich wahrscheinlich engagiert um Straßenhunde in Osteuropa kümmern, hätte aber vielleicht eine Abneigung gegen einen ausländischen Nachbarn.
Eventuell macht so ein als Kind misshandelter Mensch später einen Unterschied zwischen den guten Tieren und den bösen Menschen, kann aber aufgrund seines kindlichen Verdrängens die Ursachen für diese Einstellung nicht erkennen.
Das bleibt jedoch alles Spekulation. Auffällig ist nur, dass es solche Menschen tatsächlich gibt, die einerseits Tierleid zu bekämpfen helfen, andererseits aber Menschen gegenüber kaum zu Empathie fähig sind.

Einzelne Personen haben sich schon immer für die Beendigung von Tierleid eingesetzt.
Wie können wir aber erreichen, dass die Menschengemeinschaft als Ganzes umdenkt und der Analyse Taten folgen lässt?
Damit Gesellschaften Tiere respektvoll behandeln, dürfen Kinder keine seelische und körperliche Gewalt erfahren, davon bin ich zutiefst überzeugt. Sollte dies aber doch geschehen, haben diese Kinder nur dann eine Chance, später nicht selbst zu Tätern an eigenen Kindern oder Tieren zu werden, wenn es wenigstens einen einzigen Menschen in ihrem Leben gibt, der ihnen versichert, dass ihnen schweres Unrecht geschieht.
Alice Miller nennt eine solche Person den „wissenden Zeugen". Dieser Mensch kann verhindern, dass

das Kind die erfahrenen Grausamkeiten tief in sich verdrängt, um nicht die verstörende Wahrheit sehen zu müssen. Dieser Zeuge – vielleicht eine Tante, ein Lehrer, eine Nachbarin – durchbricht die Kette des Schweigens und Verdrängens und unterstützt das Kind dabei, Richtig und Falsch auseinanderhalten zu können, seinen Wahrnehmungen und Gefühlen zu vertrauen, Hilfe zu finden, über seine Not sprechen zu können. Wo es möglich ist, wird ein wissender Zeuge zum helfenden Zeugen, manchmal auch durch direktes Eingreifen.

Kinder, die trotz furchtbarer Demütigungen und Verletzungen später ihre eigenen Kinder mit Respekt und in bedingungsloser Liebe aufwachsen lassen, hatten damals alle mindestens einen wissenden Zeugen oder fanden ihn später noch als bereits Erwachsene, vielleicht in Gestalt einer einfühlsamen Therapeutin, eines liebenden Partners oder auch durch Lesen von Büchern, die ihnen die Augen öffneten.

Nur verdrängtes Leid pflanzt sich in die nächste Generation fort. Sobald die Vergangenheit bewusst angeschaut, betrauert und verarbeitet werden kann, wird der Teufelskreis durchbrochen. Dann ist der Weg frei für wahre Liebe, die an keine Bedingungen geknüpft ist. Sowohl Menschen, die in Liebe aufwachsen durften, aber auch jene, die in ihrer traurigen Kinderzeit - oder später noch - wenigstens einen wissenden Zeugen hatten, sind fähig zu Mitgefühl. Dadurch können sie selbst zu wissenden, helfenden Zeugen für andere misshandelte Kinder oder auch für gequälte Tiere werden. Sie schauen nicht weg und nennen Unrecht beim Namen, weil sie selbst es nie verdrängen mussten und fühlen durften.

Wenn wir wollen, dass es eine bessere Welt für Tiere gibt, müssen wir also zuerst auf unsere Kinder achtgeben. Seien wir mutig, wenn wir sehen oder hören, wie ein Kind geschlagen oder mit Worten gedemütigt wird! Es gibt immer einen Weg, zu helfen, ohne sich selbst zu gefährden. Mischen wir uns lieber einmal zu viel als zu wenig ein und werden wir so zu einem wissenden Zeugen für das Kind.

Appelle an unser Gewissen im Umgang mit Tieren sind zum Scheitern verurteilt, solange wir nicht unsere eigenen Verletzungen aus längst vergangener Zeit erinnern und spüren können. Gutgemeinte und gutgemachte Kampagnen zum Tierschutz oder gegen Kindesmisshandlung werden immer dort scheitern, wo wir verdrängen müssen.

Das Leid der Tiere kann uns erst dann berühren und zum Handeln aufrütteln, wenn wir fähig zu wirklichem Mitgefühl mit dem kleinen Kind werden, das wir selbst einst waren. Wenn dies aber geschieht, machen wir keine Unterschiede mehr zwischen leidenden Geschöpfen, seien es Tiere, Kinder, Kranke, Arme, Behinderte, Asylsuchende, Alte oder Obdachlose.

Der Kreislauf beginnt immer wieder von vorn mit einem neugeborenen Kind. Wenn wir das verstehen, gibt es für uns Menschen und die Tiere doch noch Hoffnung.

Literaturempfehlungen

Arndt, Sabine & Kriegel, Petra: *Wenn Tiere ihren Körper verlassen. Sterbebegleitung für Tiere,* Aquamarin Verlag, Grafing 2010

Borasio, Gian Domenico: *Über das Sterben,* Deutscher Taschenbuch Verlag, 2013

Duve, Karen: *Anständig Essen: Ein Selbstversuch,* Goldmann Verlag 2012

Fromm, Erich: *Die Kunst des Liebens,* Ullstein Taschenbuch 2005

Goetschel, Antoine F.: *Tiere klagen an,* Scherz 2011

Grimm, Hans-Ulrich: *Katzen würden Mäuse kaufen: Schwarzbuch Tierfutter,* Heyne Verlag 2009

Miller, Alice: *Das Drama des begabten Kindes und die Suche nach dem wahren Selbst,* Suhrkamp 2012 (sowie sämtliche Bücher der Autorin)

Rinpoche, Sogyal: *Das Tibetische Buch vom Leben und vom Sterben,* Knaur, 2010

Sheldrake, Rupert: *Der siebte Sinn der Tiere,* Fischer Taschenbuch Verlag, 2011

Internetadressen

www.tierbestattung-im-rosengarten.de

www.raum-und-energie-fuer-tiere.de

www.sabine-arndt.de